쥐지 않고 쥐는 법

삶이 쉬워지는 힘 빼기의 기술

고상근 · 반지현 지음

【산티】

쥐지 않고 쥐는 법
삶이 쉬워지는 힘 빼기의 기술

2022년 1월 31일 초판 1쇄 발행. 고상근과 반지현이 지었으며, 도서출판 샨티에서 박정은이 펴냅니다. 편집은 이홍용이, 표지 및 본문 디자인은 김경아가 하였으며, 이강혜가 마케팅을 합니다. 인쇄는 수이북스에서, 제본은 보경문화사에서 하였습니다. 출판사 등록일 및 등록번호는 2003. 2. 11. 제25100-2017-000092호이고, 주소는 서울시 은평구 은평로 3길 34-2, 전화는 (02) 3143-6360, 팩스는 (02) 6455-6367, 이메일은 shantibooks@naver.com입니다. 이 책의 ISBN은 979-11-88244-86-7 03180이고, 정가는 16,000원입니다.

© 고상근, 반지현, 2022

"생각과 느낌을 내려놓고 현재로 오게.
바람을 가르며 자전거를 탈 때처럼"

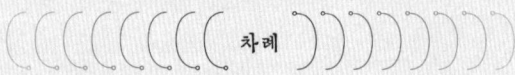

· 초대글 ·

깨어 있을 때 비로소 원하는 삶을 살 수 있습니다 _ **고상근** 6
마음의 겨울을 나는 분들에게_**반지현** 11

· 1 ·

자꾸만 작아진다 16/ 아, 행복이 말처럼 쉬운 게 아니라니까요! 18/ 혹시 인생의 참맛이 신라면 블랙입니까? 22/ 그게 나한테 전부였던 거야 28/ 깨어 있는데 또 어떻게 깨어나라고요? 36/ 모든 문제를 해결하는 만능 치트키, 정말로 있을까? 43/ 다시 그 문 앞 48/ 있는 그대로의 나? 55

· 2 ·

설마 깨어 있음 덕분에? 59/ 열심히 했기 때문에 실패한 거라니? 61/ 칼을 내려놓아라 72/ 내가 원하는 모든 것은 결코 이루어질 수 없다니! 이 무슨 악담이람! 77/ 쥐지 않고도 쥐는 법 84/ 몸의 긴장이 곧 마음의 긴장 88/ 검지의 마법 95/ 집중하면서 집중하지 않기 100/ 살면서 놓친 게 만두뿐이겠나? 107

· 3 ·

할 수 있는 것과 할 수 없는 것 112/ 화살표의 끝 119/ 카르페 디엠, 현재를 즐기라는 말 아닌가? 122/ 소원 성취 127/ 행복도 내려놓아야 한다고? 133/ 되는 것이 아니라 되어지는 것 136/ 검지와 보조 바퀴 141/ 깨어 있습니다, 깨어 있습니다! 146/ 마우스의 비밀 149/ 거기서 아버지가 왜 나와? 152/ '여전'한 것은 과연 누구일까? 155/ 한밤중의 울음소리 159/ 내가 바뀌면 세상이 바뀐다는 말 165/ 나랑 같이 고릴라 보러 갈래? 167

· 4 ·

야, 이거 아침 드라마보다 재밌다 171/ 근사한 저녁 식사 177/ 내 속엔 내가 너무도 많아서 182/ 스스로 186/ 운명을 뛰어넘어 189/ 레드 카드 193/ 성공의 열쇠 199/ 경계를 인식하는 그 순간 202/ 바다만큼 큰 물고기 207/ 달을 품는 밤 211/ 원숭이 꽃신 217/ 과거와 만나다 227/ 결심 234/ 그저 흉내라도 좋아, 진심이 아니라도 좋아 239/ 내가 살아가는 의미 244

· 5 ·

달로 가는 자전거 254/ 사내 배구 대회라고? 258/ 슬로 모션 266/ 전설 270/ 가족 278/ 영감님, 아니 회장님 280/ 자전거를 타고 달리는 이 기분 286/ 돌멩이 속에 숨겨진 축복 291

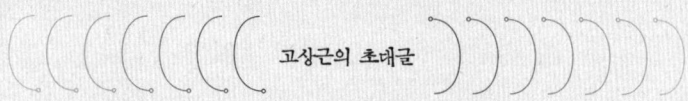

고상근의 초대글

깨어 있을 때
비로소 원하는 삶을 살 수 있습니다

저는 서울대에서 인생의 거의 모든 시간을 보냈습니다.(1973년에 서울대에 입학하여, 학사, 석사, 박사 과정을 모두 마쳤고, 곧바로 그곳의 교수가 되었습니다.) 외형적으로는 편안한 삶으로 보이지만, 실상은 편안함과는 거리가 멀었습니다. 20대 때부터 수십 년 동안 육류를 비롯해 우유, 커피, 두유, 콩국수 등 먹지 못하는 음식이 많았고 병치레가 잦았으며, 젊은 시절부터 늘 찡그린 얼굴을 해서 양미간에 주름이 깊게 패여 있었습니다. 몸과 마음이 편안하지 못하고 항상 긴장 상태에 있었기 때문입니다.

그랬던 제가 지금은 먹지 못하는 음식이 없고, 아무런 약을 먹지 않아도 건강합니다. 주름의 흔적들도 여전히 남아 있기는 하지만 그래도 많이 펴졌습니다. 다른 사람이 되었다고 여겨질

정도로 과거와는 다른 몸과 마음을 갖고 살아갑니다. '깨어 있음' 수련을 통해 변한 것입니다. '깨어 있음' 수련을 하면서, 젊어서 이런 상태였으면 얼마나 좋았을까 하는 생각을 많이 했고, 이 '깨어 있음'의 세계를 젊은 사람들에게 알리고 싶었습니다. 제가 학교에서 가르친 청년들 역시 젊은 시절의 저와 마찬가지로 긴장된 몸과 마음을 갖고 살아가고 있었기 때문입니다. 지난 10년간 서울대학교 대학생활문화원 리더십개발부장으로 지내면서 성적 부진, 발표 불안, 취업난으로 인한 우울증이나 불안증 등을 호소하는 학생들을 많이 만났습니다.

스트레스는 자기가 원하는 대로 되지 않을 때 생깁니다. 높은 학점을 받고 싶다, 좋은 직장에 가고 싶다, 돈을 많이 벌고 싶다…… 그러나 세상살이는 뜻대로 되지 않는 경우가 훨씬 많고, 많은 이들이 이로 인해 스트레스를 겪습니다. 이런 상황에서 인생의 어느 시기보다 해야 할 일이 많은 젊은이들이 여러 가지 방어기제를 만들어내 해야 할 일들을 피해버리는 경우가 많습니다. 심각한 경우에는 미래를 포기해 버리기도 하지요. 그래서 저는 젊은이들에게 '깨어 있음'에 대해 꼭 알려주고 싶었습니다.

깨어 있는 상태에서는 모든 것을 있는 그대로 보게 됩니다. 과장하지도 않고 축소하지도 않고 있는 그대로의 모습으로요. 이는 젊은이들에게 특히 필요한 기술입니다. 시험을 볼 때 왜 긴장하나요? 발표할 때 왜 떨리나요? 무언가를 할 때 긴장하고 떨리는 것은 잘했을 때와 잘 못했을 때의 결과를 예측하기 때문입니다. 오지 않은 미래를 미리 걱정하기 때문이지요. 그러나 깨어 있는 상태에서는 미래에 대한 불안이 존재하지 않습니다. 그러므로 시험을 그냥 볼 수 있습니다. 발표를 그냥 할 수 있습니다. 어떤 일이든지 '그냥' 해나갈 뿐이지요. 그리고 미래에 대한 망설임이나 두려움 없이 '그냥' 해나가면 자연히 그 일을 성취하게 됩니다. 실로 간단한 것 같지만 이것이 '깨어 있음'이고 우리 모두가 원하는 성취의 비결이지요.

이 책에서 소개하는 '마인드 리더십' 프로그램은 제가 1975년부터 시작한 다수의 수행 및 심리 상담 기법(마하리시 마헤시 요기Maharishi Mahesh Yogi의 초월 명상Transcendental Meditation, 해리 팔머Harry Palmer의 아바타Avatar, 프레드릭 M. 알렉산더Frederick Matthias Alexander의 알렉산더 테크닉Alexander Technique, 하인리히 슐츠Heinrich Shultz의 아우토겐 트레이닝Autogen Training, 버트 헬링거Bert Hellinger의 가족세우기Family Constellation 외 다수)을 총망라해서 개발한 프로그램입니다. 이 프로그램에서 가장 근본을 이루는 것이 바로 '깨어 있음', 즉 몸과 마음의 긴장을 내려놓는 것입니다. 힘 빼기의 기술이 그 출발이지요.

물론 이 '깨어 있음'은 머리로 이해한다고 해서 되는 것이 아니고, 꾸준히 연습을 해야 얻을 수 있는 상태입니다. 깨어 있는 상태에서는 중요한 시험을 치를 때도 떨지 않고 볼 수 있습니다. 면접을 치른다면 긴장하지 않고 답변을 잘할 수 있고, 발표할 때도 공포감 없이 준비한 대로 잘할 수 있습니다. 새로운 것을 배울 때도 저항감이 없으므로 습득 역량이 커집니다.

그러나 '깨어 있음'을 향한 길은 그리 쉽지가 않습니다. 저도 젊은 시절부터 수십 년을 바쳐서야 겨우 알게 된 이 길을 이제야 비로소 다른 사람들에게 알려주려 하고 있을 뿐입니다. 저는 2015년 3월부터 현재까지 마인드 리더십 프로그램을 운영해 오고 있습니다. 이 프로그램에 많은 사람들이 관심을 갖고 참석하지만, 저는 특히 젊은이들이 이 프로그램에 찾아올 때 반갑기 그지없습니다. 바로 앞서 말한 이유 때문입니다. 그러나 그런 젊은이들에게 '깨어 있음'의 세계를 알려주고 싶은 마음이 간절한 만큼 그 세계를 언어에 담아 전달하기는 쉽지가 않았습니다. '깨어 있음'을 향한 길이 어렵기도 하거니와, 제가 가진 언어 감각으로는 아무래도 젊은이들에게 다가가는 데 한계가 느껴졌기 때문이지요.

그러던 참에 제가 운영하는 마인드 리더십 프로그램에 반지현 씨가 오랫동안 참석하면서 '깨어 있음'에 대한 공부가 깊어지는 것을 보았습니다. 다행히도 반지현 씨가 나의 마음을 받아주어 흔쾌히 이 책 작업을 함께 하게 되었습니다. '깨어 있음'을 통한 배움을 젊은이의 언어로 잘 표현해 준 반지현 씨에게 깊이 감사드립니다. 아무쪼록 이 책이 두려움 없이 자신의 삶을 살고 싶어 하는 젊은이들에게 도움이 되기를, 한 발 더 나아가 '깨어 있음'에 관심이 있는 모든 분들에게도 꼭 필요한 책이 되기를 바랍니다.

관악산이 보이는 연구실에서, 고상근

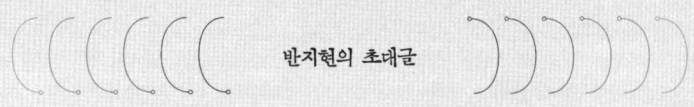

마음의 겨울을 나는 분들에게

　마음이란 무엇일까요? 마음에 깊이 관심을 갖기 전의 저는 그저 평범한 대학생이었습니다. 그 당시 저는 제가 삶에서 무얼 원하는지도 모르면서 무얼 '해야 하는지'는 알고 있었지요. 더 높은 학점과 토익 점수를 받고, 몇 개의 자격증을 따고, 모두가 선망하는 대기업에 입사하는 것, 그런 것들이 제가 해야 하는 일이었고 해내야만 하는 일이었습니다.

　유학을 가서도 성적이 떨어질까 두려워 하루에 네 시간 이상을 잔 적이 없습니다. 좋은 학점을 받기 위해, 유학 기간 목표했던 자격증을 따기 위해 저는 외로움, 슬픔, 그리움과 같은 마음의 소리를 죄다 무시했습니다. 그리고 마침내 저는 마음의 병에 걸렸습니다. 지금은 공황장애라는 말이 잘 알려져 있지만 그때만 해도 별로 알려진 것이 없었기에, 저는 제 삶이 거기서 끝나는 줄 알았습니다.

그렇게 마음의 겨울을 오래 보냈습니다. 마음을 고칠 수 있다면 어디든 찾아다녔고, 그들이 한순간에 나를 '뿅!' 하고 낫게 해주기를 바랐습니다. 약도 먹었고, 상담 치료도 받았고, 마음에 관한 수많은 책들을 밤을 새워가며 읽기도 했습니다. 그들이 하는 말은 비슷했습니다. "마음먹기에 달렸다"고요. 그렇지만 처방받은 알약으로, 누군가의 위로로, 책 속의 지식으로도 마음은 좀처럼 달라지지 않았습니다.

그러다 이 책 속 이야기의 주인공처럼, 저도 아주 우연한 계기로 고상근 교수님을 만나게 되었습니다. 누군가 흘리듯이 저에게 들려준 말을 붙들고 마인드리더십센터를 찾아갔습니다. 그만큼 절박했으니까요. 그리고 그곳에서 당시의 저로서는 도무지 이해할 수 없는 광경을 보게 되지요. 그곳 문을 연 첫날, 책 속 주인공처럼 저 역시 뒷걸음질 쳤습니다. 그리고 그 문을 다시 연 날로부터 벌써 5년이 훌쩍 지났네요.

교수님의 표현을 빌리자면 '깨어 있음'이란 "몸과 마음에 긴장이 없는 상태"인데, 우리는 그 상태를 간절히 바라면서도 긴장이 없기는커녕 하루 중 단 한 순간도 몸과 마음을 오롯이 인식하기조차 어렵습니다. '깨어 있음'을 위한 대표적인 수련 방법은 오감을 활용하는 것입니다. 여러분도 이 글을 읽고 있는 지금 이 순간 오감을 모두 '동시에' 느껴보세요. 눈으로는 문장을 읽고, 손가락으로는 책장의 촉감을 인식하고, 귀로는 들려오는 소리를 듣고, 발바닥에 전해오는 바닥의 감촉을 느껴보세요. 주변에서 나는 냄새도 알아채 보고요. 지금 이 순간에 깨어 있기가 얼마나 어려운지 금방 아셨을 겁니다.

이 순간 분명하게 존재하는 몸과 마음을 인식하는 것, 그것이 '깨어 있음'의 출발입니다. 보면서 듣고 듣는 동시에 느끼기, 현재 올라오는 생각과 느낌의 경계를 바라보기, 몸의 무게중심을 느끼면서 걷기…… 교수님이 알려주신 지침들이 아직 제 삶 속에 완전히 자리 잡지는 못했지만, 극심한 긴장과 두려움 속에 빠져 허우적거리다가 다음 순간 '깨어 있음'을 떠올릴 때면 공부를 시작한 것이 얼마나 다행한 일이었나 생각하곤 합니다.

고백하자면 저는 마인드 리더십 프로그램에 참여한 사람들 중에서 그다지 훌륭한 학생은 아니었습니다. 깨어 있기가 이렇게 어려운데 왜 이걸 해야 하는지, 깨어 있으면 대체 삶이 어떻게 달라진다는 것인지 자주 불평하던 사람이었죠. 그렇지만 지금 이 순간 나의 몸과 마음이 오롯이 존재하고 있다는 사실을 아는 것만으로도 불안과 걱정으로 부풀어 있던 몸과 마음의 감각이 제자리를 찾았습니다. 내 눈앞에 펼쳐진 삶을 올바르게 바라보자 앞으로 한 발 나아갈 수 있었습니다.

누군가 저에게 "깨어 있음으로 인해 당신의 삶은 얼마나 달라졌습니까?"라고 묻는다면, 글쎄요. 그저 앞으로 한 걸음 내딛을 용기를 낼 수 있게 되었다고 답할 수밖에 없겠지만, 그 한 걸음의 용기를 내기까지는 아주 오랜 시간과 연습이 필요했습니다.

이 책은 고상근 교수님의 제안으로 시작되었습니다. 지난 몇 년간 책을 준비하며 교수님과 주고받은 메시지가 이 책의 분량만큼은 되는 것 같습니다. 책을 마치고 보니 '깨어 있음'이라는, 간명하면서도 한편으론 참으로 막막한 세계를 얼마나 잘 전달했나 하는 걱정이 앞섭니다. 저는 '깨어 있음'이라는 말보다 '행복'이라는 말을 좋아하는데요, 이 책을 읽은 분들이 "이런 길도 있구나!" 하고, 행복으로 가는 무수한 갈래길 중에서 새로운 길 하나를 발견할 수 있다면 저의 역할을 훌륭히 잘 마쳤구나 안심할 수 있을 것 같습니다.

삶이 불안하고 답답할 때마다 마인드리더십센터를 찾았던 지난날들이 떠오릅니다. 그때마다 그저 고요하게 저를 '깨어 있음'의 세계로 인도해 주신 고상근 교수님께, 그리고 저와 함께 공부하며 서로의 거울이 되어준 많은 분들께 이 자리를 빌려 깊은 감사를 전합니다.

이 책은 끝이 보이지 않던 어두운 터널 속을 하염없이 걷던

저의 이야기이기도 합니다. 책의 많은 부분은 그 시절 썼던 일기를 참고했습니다. 마음의 겨울을 보내고 있는 분들에게 부디 한 줌의 온기라도 전할 수 있길 바라며, 행복으로 가는 지도를 조심스레 펼쳐놓습니다.

반지현

자꾸만 작아진다

"하아……"

최종 면접에서 떨어진 것 같다. '같다'는 말은 정신 방어용이다. 정신 승리는 바라지도 않는다. 그래, 또 떨어졌다. 멍하다. 이번엔 진짜 될 줄 알았다. 아니, 되었어야 한다. F5 키를 눌러 몇 번이나 '새로 고침'을 해보지만 합격자 명단에 있어야 할 내 이름이 안 보인다. 이번엔 또 뭐가 모자랐던가? 차라리 "귀하의 자질은 이래서 구리다"라고 말이라도 속 시원히 해주면 좋을 텐데, 인권 침해에 대한 소송과 이미지 타격을 걱정한 기업들은 항상 "넌 정말 멋진 친구지만 함께 못해서 아쉽다"라고 얼버무린다.

문득 몇 달 전 헤어진 애인의 얼굴이 스쳤다. 이별을 앞두고 눈물을 흘리지는 못할망정 "나랑 사귀는 동안 어떤 부분이 부족했는지 말해줄 수 있어? 다음번 연애는 잘해보고 싶어서"라며 자기 발전에의 의지를 피력하던 그 애. "그건 다음 연애 깨질 때나 물어봐!"라는 대답과 함께, 진지하게 내 대답을 기다리는 그 얼굴에 주먹을 한 방 날려주고 싶은 기분이었는데, 지금은 그때 그 애의 기분을 이해할 것도 같다.

어차피 떨어진 마당에 회사에 전화해서 한바탕 진상이라도 부리고 싶다. "떨어뜨릴 거면 왜 기다리게 만드는데! 왜 기대하게 만드는데! 떨어뜨릴 거면 면접에서 출근 가능일은 왜 물어보는데! 왜 떨어졌는지 말이라도 해주라고!" 이래봤자 빤한 대답이 돌아오겠지. "넌 정말 멋진 친구야. 함께하기엔 내가 너무 부족하지……"라는. 내가 그 애에게 했던 말처럼. 쩝.

오늘 떨어진 공공제약은 정말로, 정말로, 정말로 가고 싶은 회사였다. 서류 통과 사실에 눈물이 핑 돌 만큼 기뻤다. 사실상 최종 합격이나 다름없다는 3차에서 떨어지다니 온몸에 힘이 쭉 빠져 침대에 털썩 누웠다. 더 좋은 회사에 가면 된다고 마음을 다잡아보지만 자꾸 눈물이 난다. 합격의 눈물이면 참 좋았을 텐데…… 문득 한쪽 벽에 붙어 있는 "행복하기란 얼마나 쉬운가?"라는 글귀가 보인다. 글씨 잘 쓰는 분께 언젠가 얻어온 붓글씨다. 행복하기란 얼마나 쉬운가, 이 말을 잘근잘근 곱씹어봤다.

그러게요. 얼마나 쉬웠겠어요. 나는 대단한 걸 바란 것도 아닌데. 대한민국 수많은 회사 중 단 한 군데에 합격하기를 바랐을 뿐인데…… 큰 욕심도 없고 특별한 사람이 되고 싶단 마음도 없는데. 그냥 작아지지만 않고 싶은데. 이러다가 자꾸자꾸 작아져서 없어져버리는 게 아닐까요? 행복하기가 정말로 쉽나요? 그렇다면 나는 왜 이렇게 행복하기가 어려운 걸까요?

아, 행복이 말처럼 쉬운 게 아니라니까요!

일주일 동안 내내 잠만 잤다. 일어나서 먹고 또 자고, 잠을 자는 것이 지겨워지면 먹고 TV를 봤다. 아무데도 나가지 않고 아무와도 연락하지 않았다. 깨어 있는 시간에는 침대에 누워 천장을 멀뚱히 바라보았다. 천장에 무늬가 있었다면 다 세어버렸을 텐데, 아쉽게도 아무런 무늬도 없는 빛바랜 허연 벽지였다. 다시 까무룩 잠들려는 찰나, 문득 엄마의 목소리가 귓가에 스쳤다.

"인생에 비하면 시험은 암끄도(아무것도) 아이다. 인생에는 정답이 없그든. 정답 정해진 시험이 차라리 낫다카이."

그렇네, 엄마 말이 맞네. 엄마, 나는 앞으로 어떻게 살아야 할까? 나는 이제 어떡해? 이번엔 자신 있다고 엄마한테 호언장담해 놓았는데 또 뭐라고 말해야 할까? 이제 나도 자식이 보내주는 해외여행 가보는 거냐며 즐거워하던 엄마 얼굴이, 벽지를 도화지삼아 둥실 떠올랐다. 우리 엄마 인생은 남들 부러워하다 끝나나 보다. 아…… 미안한 마음에 눈을 질끈 감았다.

오늘도 똑같은 하루가 준비되어 있다고 생각했다, 전화를 받기 전까진.

"여보세요?"

"야, 뭐해? 어째 자다 깬 목소리다?"

"…… 아니야. 몸이 좀 안 좋아서. 웬일이야?"

"드디어 이 몸이 공공제약에 최종 합격했다는 거 아니냐! 합격자 명단에 네 이름은 안 보이던데 지원 안 했어?"

"아…… 거긴 나랑 별로 안 맞는 거 같아서 지원 안 했지."

"어쩐지~ 네가 지원했으면 합격을 못했을 리 없지. 오늘 저녁에 뭐해? 합격 턱 낼게!"

"오늘은 컨디션이 영 별로라서…… 다음에 먹자, 다음에."

"그래, 알았어. 네가 면접 준비 도와줘서 잘됐나 보당! 땡큐."

다시 잠을 청하려는데 부아가 치민다. 뭐야? 지금 자랑하려고 전화한 건가? 합격자 명단에서 제 이름만 찾아보면 되지 내 이름은 왜 찾아보는데? 어이가 없네. 누워 있다 자리에서 벌떡 일어났다. 누군가 내 마음에 성냥을 부욱 그은 것처럼, 메마른 마음에 불이 확 일어나 삽시간에 번지는 것 같았다. 가슴이 답답하고 숨쉬기가 곤란해졌다. 이건 대형 산불이다. 불을 잡으려면 물! 그래, 물을 끼얹어야지. 문득 차가운 맥주 한 잔이 간절해져 대충 옷을 걸쳐 입고 밖으로 나왔다. 하늘은 벌써 어둑어둑했다. 오랜만에 맞는 바깥공기의 상쾌함에 정신이 번쩍 들었다.

집 앞 골목 귀퉁이에 자리한 작은 술집으로 들어갔다. 금요일이라 그런지 이른 저녁인데도 대부분 자리가 차 있고, 이미 몇 테이블은 취기가 불콰하게 올라 있다. 주인은 혼자인 나를 환영하지 않는 기색이라 눈치껏 에어컨 옆 구석에 자리를 잡고 앉았다.

여기, 맥주 둘에 소주 하나요. 뭔 안주가 이렇게 비싸냐……메뉴판 제일 아래에 쓰여 있는 제일 싼 황태도 하나 시켰다. 빈 잔에 맥주와 소주를 황금 비율로 섞어 빈속에 원샷했다. 역시 답답할 땐 소맥이지. 크으~ '뚫어뻥'으로 세차게 펌프질을 한 듯 꽉 막힌 가슴에서 뽕! 하고 뭔가 뚫리는 소리가 났다. 이제 숨 좀 쉬겠다 싶은 찰나, 옆 테이블의 소란 때문에 다시 가슴이 꽉 막혔다.

"본인한테 어떤 일이 일어나든 몸과 마음이 편안한 것, 그게 바로 깨어 있음입니다. 깨어 있는 삶은 지금과는 완전, 백팔십도 다른 삶이지요."

깨어 있음? 어떤 일이 일어나든 편안하다고? 무슨 말도 안 되는 소리야? 자꾸만 옆 테이블의 목소리가 내 신경을 긁는다. 고개를 돌려보니 웬 늙수그레한 노인네가 열심히 이야기를 하고 있고, 그 주위에 둘러앉은 사람들이 연신 고개를 끄덕이며 그의 말을 듣고 있었다.

"깨어 있으면 삶에는 아무 문제도 없습니다."

아, 오늘따라 내 신경을 긁는 인간들이 왜 이렇게 많은 걸까? 깨어 있으면 삶에는 아무 문제가 없다고? 깨어 있으니 삶에 문제가 있는 거지…… 다들 곤히 잠든 동안에는 아무 문제도 없답니다. 슬슬 술이 오르는데 옆 테이블 노인네의 목소리가 계속 이어졌다. "깨어 있으면……" 아니, 그럼 내가 지금 자고 있나? 두 눈 시퍼렇게 뜨고 있는데, 왜 나는 면접에서 떨어졌냐고! 왜 나는 여기서 청승맞게 혼술이나 하고 있냐고요. 더는 못 참는다.

"저기요! 조용히 좀 해주실래요? 여기가 무슨 호텔도 아니고 다 멀쩡하게 깨어 있고만 뭘 자꾸 깨라는 건지……"

"하하…… 젊은 친구, 지금 진짜 깨어 있는 거 맞아요?"

"보세요. 똑. 똑. 히 깨어 있잖아요. 깨어 있지 않은데 제가 어떻게 여기 앉아서 말을 하죠? 제가 보기엔 여기서 취한 사람은 어르신뿐인 것 같은데요? 술이나 깨시죠!"

"젊은 친구 화가 많이 났네요. 좋습니다, 왜 그렇게 화가 났습니까?"

"전 그냥 조용히 술 마시고 싶다고요. 그런데 자꾸 옆에서 '깨어 있으면 삶에 아무런 문제가 없고 어쩌고저쩌고……' 하시는데, 그럼 제 삶은 왜 이렇게 문제가 많은지 설명 좀 해주실래요? 제가 자면서 학교 다니고 시험 쳤어요? 제가 자면서 면접 봤어요? 저 진짜 열심히 살았다고요! 내가 걔보다 더 열심히 했는데, 내가 학점도 더 높고 토익도 더 높고 자격증도 몇 개는 더 있는데…… 하기 싫은 봉사 활동도 가산점 때문에 얼마나 열심히 한 줄 아세요? 그런데 왜 걔는 붙고 나만 떨어지냐고요? 왜 나만 이렇게 불행하냐고요? 하, 진짜……"

술에 취했는지 자꾸만 눈물이 난다. 옆 테이블 노인네가 내게 뭘 하나 건네주면서 뭐라 뭐라 하는데 잘 안 들린다. 아, 자꾸 뭐라는 거야? 한 잔만 더 마시고 가야지, 한 잔만……

혹시 인생의 참맛이 신라면 블랙입니까?

머리가 지끈거린다. 아, 지금 몇시지? 시계를 보니 벌써 오후 세시. 어제 어떻게 집에 왔는지 기억이 안 난다. 얼마나 마신 거야…… 잠시 멍하니 앉아 있자니 술집에서 있었던 몇 장면이 빠르게 머릿속을 스쳐 지나간다. 아 맞아, 그 노인네 땜에 괜히 기분 나빠서 더 많이 마신 거잖아. 잠깐, 어제 그 노인네가 나한테 뭔가를 줬는데? 입고 있는 추리닝 주머니를 뒤적이니 명함 한 장이 손에 잡혔다. '마인드 리더십 과정 개발 및 진행.' 마인드 리더십? 리더십이면 리더십이지 마인드 리더십은 또 뭐야? 하여튼 이상한 노인네라니까.

꼬르륵. 어떻게 하는 일도 없는데 배는 이렇게 꼬박꼬박 고픈지. 배고픈 것도 죄스럽게 느껴졌다. 이번 달 생활비도 거의 바닥났는데 부모님에게 언제까지 손을 벌려야 할까? 착잡한 심정으로 찬장을 뒤져서 컵라면을 꺼내 전자레인지에 돌렸다. 같이 면접 준비할 때 친구가 "내 몸은 똥 만드는 기계야. 하는 일도 없이 매일 똥만 만들지요~"라고 했던 말이 문득 떠올라 피식 웃었다. 친구의 몸은 이제 돈을 만드는데 내 몸은 아직도 주구장창 똥을 만드는구나. 휴일 없이 일만 하던 아버지가 "내, 돈 만드는 기계지, 기계" 하고 푸념처럼 내뱉던 말이 연이어 떠올랐다.

삐삐. 전자레인지 알람 소리에 정신이 퍼뜩 들었다. 뜨거운 라면을 급하게 한 젓가락 떠 넣었다. 앗, 뜨거! 입천장을 데었는지 입 안이 까끌거린다. 라면을 먹는 둥 마는 둥하다 다시 벌렁 드러누웠다.

언제까지 이렇게 누워 있을 수만은 없지 않을까? 지금도 일하고 있을 아버지에게 미안한 마음이 쓰나미처럼 밀려와 핸드폰으로 공채 정보를 검색했다. 어디어디를 써볼까요…… 대기업 공채, 항공사 공채, 외국계 회사 공채…… 모두 저 우주 밖 행성 이름 같다. 살면서 발 한 번 디뎌볼 수 없는.

빛의 속도로 화면을 쭉쭉 내리다가 문득 내 손이 멈췄다. "문제는 스펙이 아니라 사주다!"

사주? 호기심에 클릭해 보니 효과를 봤다는 댓글들이 잔뜩 달려 있다. 돈 써서 단 댓글이겠지. 머리로는 애써 무시했지만 두 눈은 벌써 댓글들을 따라가고 있었다. 처음엔 코웃음을 치며 무시했는데, 댓글을 보다 보니 정말로 이 모든 게 사주 때문인가 싶기도 했다. 하긴 합격한 친구와 비교해 봐도 내 스펙이 훨 낫지 뭘. 학점도 내가 높고, 토익 점수도 내가 높고, 자격증도 내가 두 개는 더 있는데…… 면접도 무난하게 잘 본 것 같은데 결국엔 떨어졌단 말이지. 안 되겠다. 엄마에게 전화를 걸었다.

"엄마! 엄마! 나 언제 태어났어?"

"야가 대낮에 봉창 뚜드리는 소리 하고 있노? 니 생일 모르나?"

"아니, 생일은 알지. 몇시에 태어났냐고?"

"열두시쯤에 태어났을 끼라. 와? 니 선 보나? 궁합 보자 카드나?"

"낮 열두시지? 궁합은 무슨! 끊을게요!"

정오라. 검색 창에 '취업사주'를 입력하니 밤하늘의 별처럼 수많은 사이트가 눈앞에 펼쳐졌다. 어느 별에 착륙해야 할까요? 좀 전에 원서 넣을 회사를 찾아보던 때와는 딴판으로 사주 사이트 선택에 열을 올리는 내 모습이 어째 좀 이상하다 싶지만, 어쩌면 정말로 스펙이 아니라 사주 때문일 수도 있는 거니까.

무료로 사주 풀이를 제공하는 사이트가 꽤 많아서 일단 맨 위에 있는 사이트에 접속했다. 오늘의 운세, 내일의 운세, 금전, 연애, 결혼, 이사, 취업, 사업, 이름 풀이, 부모 운, 형제 운, 자식 운…… 카테고리 목록이 빽빽하다. 사람들이 궁금해 할 만한 모든 것이 총망라되어 있는 거대한 장場처럼 느껴졌다.

이 모든 것들이 단지 사주 하나로 결정되는 건가? 개개인의 개성이나 노력은 아무 상관도 없이? 취업에 쏟아 부은 시간과 노력은 정녕 쓸데없는 것이었나? 떨리는 마음으로 내 사주를 생년일시 입력창에 조심스레 집어넣었다. '내 사주가 안 좋으면 어쩌지?' 궁금해 미칠 것 같은데 마주하기에는 겁나는 공포 영화를 보는 것처럼, 특유의 버릇대로 실눈을 뜨고 모니터를 바라보았다.

기운이 쭉 빠졌다.

"짝짝짝! 혹시 대기업 회장님이세요? 귀하의 사주는 대기업 회장님이 될 황금 사주! 특히 올해는 대박 대박 대박 예감! 대운의 흐름이 극에 달한 시기입니다! 손닿는 것마다 황금으로 변하는 시기! 술술 풀리는 인생의 참맛~ 너무 부럽네요~"

노래방에 가면 못 불러도 저렇게 못 부를까 싶을 정도의 실력인데도 희한하게 점수가 잘 나오는 친구가 하나 있다. 요란한 팡파르 소리와 함께 "가수도 울고 갈 실력~ 한 곡 더 부탁해요! 100점!" 자막이 화면을 가득 채우면, 그 친구는 "님들, 인정?" 하면서 어깨를 으쓱했고, 우리는 기계가 잘못됐다며 고개를 가로젓곤 했다.

다시 한 번 내 사주 풀이를 꼼꼼히 읽어보았다. "술술 풀리는 인생의 참맛~" 혹시 인생의 참맛이 신라면 블랙입니까? 돈 아끼려고 컵라면은 지겹게 먹고 있습니다만…… 다른 사이트는 좀 다를까 싶어 몇 군데 더 들러봤지만 결과는 비슷했다. 어디를 검색해 봐도 내 사주는 "미친 듯이 좋은 사주"라고만 나왔다. 사주가 좋게 나왔다고 이렇게 맥 빠져 하는 사람도 나밖에 없겠지만 내게는 못 믿을 노래방 점수와 별반 다를 게 없었다. 무료라서 그런가?

"취업을 하고 싶은데, 왜 이렇게 안 되는 건지 답답해서요."

"생년월일시 적어."

여긴 어디? 나는 누구? 정신을 차려보니 꽤 용하다는 사주집에 앉아 있다. 눈꼬리가 눈썹 끝과 맞닿을 듯 바짝 치켜 올라간 아줌마가 손바닥만 한 종이를 내밀고는 팔짱을 낀 채 나를 뚫어져라 바라보고 있다. 전화를 받고 급하게 왔더니 얼굴 위로 뚝뚝 땀방울이 흐른다. 돈을 주고 보면 좀 낫지 않을까 싶어 수많은 블로그 후기를 꼼꼼히 읽어보고 선택한 집이다. 워낙 인기 있는 집이라 예약하고 한 달 대기는 기본이라고 했는데, 갑자기 한 명이 취소했다며 지금 올 수 있으면 오라는 말에 득달같이 달려왔다.

생년월일시를 적어 아줌마에게 내밀고는 마른침을 삼켰다. 죄 지은 것도 아닌데 왜 이렇게 긴장이 되는지. 태어난 일시만으로 사람의 운명이 결정된다는 건 좀 가혹한 것 같다는 생각을 하면서도, 고분고분하게 아줌마의 대답을 기다렸다. 아줌마가 종이를 한 번 흘긋 보더니 책을 탁 펼치고는 고개를 몇 번 끄덕거리다가 혀를 끌끌 찼다.

"지금 안 되는 이유가 여기 떠억 써 있네. 취업을 하려면 작년에 했어야 해. 올해는 무조건 안 돼."

사람의 심리란 참 알 수가 없다. 무료 사주 사이트에서 그렇게 좋다고 떠들어대던 내 사주가 못 미더워 이렇게 돈까지 써가며 정확한 풀이를 들으러 왔건만, 막상 안 좋다는 소리를 들으니 입 안이 쓰다. 그러면서도 올해는 안 된다는 소리를 들으니 한편으론 안심이 되기도 했다. 거봐, 역시 내가 부족한 게 아니었어. 취직 준비한답시고 1년 휴학한 것이 후회됐다. '작년에 넣었으면 정말 됐으려나?' 안심하는 한편, 이렇게 알량한 핑곗거리가 필요했던 건가 싶어 마음이 이래저래 복잡했다.

그게 나한테 전부였던 거야

오늘 날씨가 참 맑다. 겨우 몸을 일으켜 집 앞 공원에 나왔다. 집에서 느린 걸음으로 딱 10분 걸리는 아담한 공원이다. 이사 오고 나서 처음 이 공원을 발견했을 때 환호성을 질렀다. "도심 속에 이런 공원이 있다니!" 마음만큼 자주 오진 못하지만 올 때마다 마음이 편안해지는 곳이었다. 커다란 나무 아래 있는 벤치에 벌렁 누워서 멍하니 하늘을 바라봤다. 언제 이렇게 세상이 온통 초록이 되었지? 한여름의 나무들이 뿜어내는 초록빛에 머리가 아찔했다. 가까이에서 매미 소리가 크게 울렸다. 맴……맴……맴……

가만히 듣고 있으니 매미 소리가 흡사 "올해는 안 돼, 올해는

안 돼, 올해는 안 돼……" 하는 것처럼 들렸다. 그 용하다는 아줌마 목소리가 귓가에 맴돈다. 제길, 나는 올해 죽었다 깨어나도 취직 못할 운명이니, 더 이상 원서도 쓰지 말고 그냥 이대로 멍하니 시간이 흘러가기만을 기다려야 하는 걸까? 아직 올해가 반년이나 남았는데? 공원에 견학이라도 왔는지 단체로 나온 중학생들이 대낮부터 벤치에 누운 나를 흘끔흘끔 쳐다봤다.

'자라나는 꿈나무들아, 니들도 커봐라. 나랑 다를 것 같냐?'

학생들이 깔깔대는 모습이 하도 즐거워 보여서 괜히 어깃장을 놓고 싶은 마음이 들었다. 애들 보기도 머쓱하고, 줄곧 누워 있으려니 허리도 뻐근해 몸을 일으켜 공원을 빠져나왔다. 기분 전환 좀 하고 싶었는데 이렇게 눈치 보며 누워 있을 거면 그냥 방 안에서 속 편히 누워 있을 걸 그랬나.

핸드폰을 보니 때마침 점심 시간, 이 근처에서 일하고 있는 선배가 생각나 회사 앞으로 가 전화를 걸었다. 선배가 웃는 얼굴로 손을 흔들며 나왔다.

"말도 없이 어쩐 일이야?"

"선배, 오랜만이네요. 잘 지냈어요?"

"너는 딱 봐도 못 지내는 얼굴이네. 밥이 아니라 술을 해야 될 판인데? 가볍게 맥주라도 한 잔 할래?"

"에이, 됐어요. 낮부터 뭔 술입니까?"

오랜만에 선배의 얼굴을 보니 그간 바싹 날을 세워왔던 마음 한구석이 슬며시 누그러지는 기분이 들었다. 점심을 먹으며 선배에게 그간의 근황을 털어놓았다. 또 탈락했다는 얘기, 같이 면접을 준비한 친구는 합격했다는 얘기, 요새 만날 집에 누워 있다는 얘기, 얼마 전엔 답답한 마음에 사주까지 봤다는 얘기…… 내 말을 묵묵히 듣던 선배가 화장지를 내밀었다.

"참지 말고 울고 싶으면 울어."

아니라고 웃으며 손사래를 쳤지만, 그 말을 들으니 정말로 눈물이 쏟아질 것 같아서 고개를 푹 숙였다.

"앞으로 어떻게 하려고?"

"모르겠어요. 마음은 너무 절박한데 아무것도 못하겠어요. 진짜 잘하고 싶은데, 나 진짜 잘해야 되는데…… 왜 이것도 저것도 못하는 건지……"

선배가 부드럽게 말했다.

"지금은 몹시 괴롭겠지만, 시간이 지나고 나면 이게 꼭 나쁜 일만은 아니라고 생각될 수도 있지 않을까?"

"그게 무슨……"

"지금은 삶이 너를 공격하는 것 같지만, 언젠가는 지금의 경험이 널 도와줄지도 모른다는 거지."

썩 위로가 되는 말은 아니었지만 평소 믿고 따랐던 선배이기에 말없이 고개를 끄덕거렸다. 나를 바라보는 선배의 표정은 참 맑고 편안했다. 장대비가 쏟아지기 직전의, 천둥번개가 마구 몰아치는 내 얼굴과는 상반되는 모습이었다.

"몇 년 전에 내가 회사 그만두고 나온다고 했을 때 기억나? 다들 말렸잖아. 너도 그랬고……"

선배가 옛 기억을 끄집어냈다.

"맞아요. 그때 선배 행동이 너무 이해가 안 됐어요. 사실 지금도 이해 안 되는 건 마찬가지고요. 다들 들어가고 싶어서 안달인 회사잖아요. 전 그 회사에 들어갈 수만 있다면 거기에 뼈를 묻을 텐데."

"그치. 좋은 회사였지."

선배가 저 멀리 어딘가를 바라보듯 가늘게 실눈을 떴다.

"그런데 그때 내 얼굴이 꼭 지금 네 얼굴 같았어. 처음엔 견딜 만했지. 성과 경쟁도, 실적 압박도, 보이지 않는 줄타기도, 하루가 멀다 하고 새벽까지 이어지는 술자리도 다 견딜 만했어, 다. 왠 줄 아니?"

나는 가만히 고개를 저었다.

"그 회사에 다닌다고 하면 사람들이 날 달리 봤거든. 부모님도, 동기들도, 너 같은 후배들도 나를 다 우러러보는 거야. 대단하다고, 부럽다고."

선배가 그 좋은 회사를 호기롭게 나왔다는 소식을 들었을 때, 겉으로는 선배를 응원한다고 말했지만 속으로는 '이 사람 참 배가 불렀구나' 싶었다. 진정한 꿈? 자아 실현? 참 대단한 자아 나셨다 하고 말이다. 선배가 계속해서 말을 이었다.

"회식 날이었어. 그날도 어김없이 새벽까지 술자리를 하고 집으로 터벅터벅 걷는데 내가 왜 이렇게 살고 있지? 내가 뭘 위해서 이렇게 살고 있지? 그런 생각이 들더라. 남들 시선, 인정, 칭찬…… 그걸 빼니까 나는 완전 빈껍데기더라고. 그게 다였던 거야."

나는 입을 꾹 다물었다. 나는 왜 대기업에 취직하고 싶어 하지? 그동안 한 번도 묻지 않았던 질문, 어쩌면 애써 외면해 온 물음이었다. 답은 이미 알고 있었다. 돈을 많이 주니까, 안정적이니까, 부모님이 좋아할 것 같으니까, 친구들에게 뽐낼 수 있으니까…… 그리고…… 그리고 또 뭐가 있지? 글쎄, 그 이상 뭐가 더 필요한가? 다들 그렇게 사는 거 아닌가?

선배는 그 회사를 다니던 3년 내내 우울증 치료를 받을 정도로 힘들었다고 덧붙였다.

"그럼 지금은…… 괜찮아진 거예요?"

"보시다시피."

선배는 어깨를 가볍게 으쓱했다. 가볍고 자유로워 보였다.

부러웠다.

나는 목소리를 한껏 낮춰 물었다.

"선배가 다녔던 병원, 저도 소개시켜 줄 수 있어요?"

"뭐? 하하하하!!"

선배가 갑자기 큰소리로 웃었다. 가까운 테이블의 사람들이 놀라서 우리를 쳐다봤다. 아니, 나는 이렇게 심각한데…… 참 나. 자기는 병원에 다닐 정도로 심각했지만 나는 아니라는 거야 뭐야? 선배가 나를 놀리는 것 같아 순간 화가 치밀었다.

"저 농담 아니에요! 선배도 우울증 치료 받았다면서요. 저도 요즘 진짜 힘들단 말예요!"

"아, 미안 미안!"

어찌나 호탕하게 웃었는지 선배의 눈가에 눈물방울까지 맺혔다.

"정말 미안해! 갑자기 그날을 생각하니까 웃음이 나서……"

"그날이라뇨?"

"나 병원 다녀서 우울증에서 벗어난 게 아냐. 퇴사를 해서 그런 것도 아니고. 물론 겉으론 그렇게 보일 수도 있겠지만."

"그럼요?"

"퇴사 후에 내 모습도 지금의 너랑 별반 다르지 않았어. 나라고 뭐 별 수 있었겠니? 그대로 있다간 죽을 것 같아서 도망치듯이 회사를 나왔지만, 앞으로 뭘 해야 할지 모르겠더라. 더 좋은 회사는 없다고 자부할 만큼의 회사에서조차 도망쳐 나왔으니, 앞으로 다른 회사를 간다고 뭐 그리 달라질까 싶었던 거지. 유학을 갈까, 공무원 준비를 할까…… 몇 달을 잠 설쳐가며 고민했지만 어느 것도 내가 원하는 게 아니었어."

선배도 그런 고민을 했었구나. '배부른 사람'이라며 선배를 속으로 욕했던 그때의 내가 떠올라 부끄러웠다. 선배는 뭐가 그리 즐거운지 헤실헤실 웃으며 말을 이었다.

"너 혹시 '깨어남'에 대해서 들어본 적 있어?"

"깨어남이요?"

순간 며칠 전의 기억과 함께 그날 술집에서의 노인네 음성이 머릿속을 빠르게 스쳤다.

"선배도 웬 이상한 영감님이랑 똑같은 소리를 하네요. 요새 깨어나는 게 유행인가?"

무심결에 뱉은 말에 선배가 깜짝 놀란 얼굴로 나를 바라봤다.

"영감님? 네가 그분을 알아?"

"응? 선배도 그 영감님을 만났어요? 그 뭐야, 무슨 리더십이라고 했는데……"

"맞아, 마인드 리더십! 넌 그분을 어떻게 만났어?"

"실은 며칠 전 술집에서 그 노인네랑 시비가 붙었는데, 나중에 그분이 준 명함을 보니 그렇게 쓰여 있더라고요. 근데 선배는 어떻게……"

"푸하하하하!!"

내 말이 채 끝나지도 않았는데 선배가 아까보다 훨씬 더 큰 소리로 웃었다. 아예 배를 잡고 막 웃었다. 뭐가 그렇게 웃긴 거야? 아니, 그건 그렇다 치고 그 노인네는 뭐하는 사람이지? 선배가 겨우 웃음을 그치고 말을 이었다.

"내가 더 이야기해 줄 필요도 없겠네. 너랑 그분이랑 인연인가 보다."

"무슨 소리예요, 그게……?"

"이크, 점심 시간 끝났다. 난 그럼 들어가 볼게!"

회사로 급하게 뛰어가는 선배의 뒷모습을 바라보며 나는 순간 얼이 빠진 사람처럼 앉아 있었다. 그럼 선배도 그 리더십인지 뭔지에 간 건가? 그래서 아까 모든 게 삶의 과정이라느니, 지금의 경험이 나중엔 괜찮다느니 그런 이상한 소리를 한 거야? 거기 단단히 빠진 것 같은데, 선배 부모님한테 연락이라도 해야 되는 거 아냐…… 별 생각이 다 들었다. 그렇지만 오랜만에 본 선배의 얼굴이 어느 때보다 편안해 보였다는 건 반박의 여지가 없었다. 희미하게 떠오르는 그 영감님의 얼굴을 기억해 보려 애쓰며 터벅터벅 집을 향해 걸었다.

깨어 있는데 또 어떻게 깨어나라고요?

자려고 누웠는데 선배에게 문자가 왔다.

"잘 들어갔지? 알아보니 마침 내일 마인드리더십센터에서 워크숍 있더라. 꼭 가봐."

그래, 뭐 사주집이랑 별다를 게 있으려고? 가보고 이상하면 바로 나오면 되잖아. 버스로 한 시간을 넘게 가야 한다는 게 썩 내키진 않았지만 달리 할 일도 없잖은가. 해보지 않고 후회하느니 해보고 후회하자고 마음먹었다. 오랜만에 깊은 잠에 빠졌다.

여기가 맞나? 생각보다 일찍 도착했다. 맞게 찾아온 줄 알면서도 괜히 문 앞에서 서성거리는데 귀에 익은 목소리가 등 뒤에서 들렸다.

"잘 오셨습니다!"

어우, 깜짝이야! 뒤를 돌아보니 아니나 다를까, 그때의 그 영감님이 빙긋 웃으며 서 있었다. 그날 술자리에서 언성을 높인 일이 생각나 순간 얼굴이 붉어졌다.

"아, 안녕하세요······?"

"어서 들어가시죠."

뒤통수를 긁적이며 영감님을 따라 안으로 들어갔다. 이미 사람들이 삼삼오오 모여앉아 담소를 나누고 있었다. 나도 구석에 자리를 잡고 앉았다. 왠지 긴장이 되어 자꾸만 입술이 말랐다.

"깨어나세요."

시끌시끌 웅성웅성하던 사람들이 영감님의 한마디에 일순간 고요해졌다. 그러더니 모두 양 검지를 세워 20센티미터 가량 벌리고 말없이 바라보았다. 이, 이게 뭐야? 나의 당황한 기색을 눈치 챘는지 영감님이 입을 열었다.

"오늘 처음 오신 분이 계셔서 '깨어 있음' 과정에 대해 간략하게 이야기하겠습니다. 제가 '깨어나세요'라고 말할 때 그 의미는 '생각과 느낌을 내려놓으라'는 말입니다. 생각과 느낌을 내려놓으라는 말이 무슨 말인지 아직은 이해가 잘 안 되실 겁니다. 굳이 표현하자면 생각과 느낌의 힘을 빼는 거라고나 할까요? 그럴 수 있게 돕는 방법에는 여러 가지가 있는데요, 양손 검지를 동시에 바라보는 훈련이 도움이 됩니다. 양 손가락을 동시에 바라보기가 어렵겠지만 한번 해보시기 바랍니다."

사람들이 다시 양 검지를 세워 진지하게 바라보기 시작했다. 나도 엉겁결에 옆 사람을 따라 손가락을 세웠다. 이렇게 하는 게 맞나? 그냥 이렇게 있으면 되는 거야? 1~2분쯤 지났을까, 당연한 얘기겠지만 아무 일도 일어나지 않았다. 맥이 탁 풀렸다. 그때 고요를 뚫고 영감님의 목소리가 들렸다.

"양 손가락을 보면서 동시에 양 손가락 너머를 보세요. 양 손가락 너머를 보면서 동시에 두 발이 닿아 있는 바닥을 느끼고, 뛰고 있는 심장을 느끼고, 들이마시고 내쉬는 공기를 느끼세요. 동시에 들리는 소리에 귀를 기울여보세요. 제 목소리가 들리시나요? 그게 바로 깨어 있음입니다."

이미 깨어 있는데 뭘 자꾸 깨어나라는 거야? 시키는 건 또 왜 이렇게 많아? 양 손가락을 바라보는 것도 제대로 되지 않는데, 양 손가락 너머는 뭐고, 그러면서 동시에 뭘 또 느끼라는 거지? 도대체 혼란스럽기만 할 뿐 아무 감도 오지 않았다. 영감님이 다시 말했다.

"의뢰인은 앞으로 나오세요."

의뢰인? 여기가 뭘 의뢰하는 곳인가? 어리둥절해 있는데 가운데에 앉아 있던 한 아주머니가 앞으로 터벅터벅 걸어 나와 영감님 옆에 마련된 의자에 앉았다. 세상 근심은 혼자 다 짊어진 듯 우울한 얼굴이었다.

영감님 "어떤 문제인가요?"

의뢰인 "남편과의 관계가 좋지 않아서요. 남편이 저에게 수시로 폭력을 휘둘러서 너무 괴롭습니다."

영감님 "지금 눈앞에 남편이 있다고 생각해 보세요."

그러자 의뢰인이 거친 숨을 몰아쉬며 주먹을 불끈 쥐었다. 눈에는 눈물이 글썽글썽해 금방이라도 쏟아져 내릴 것 같았다.

영감님 "의뢰인은 지금 기분이 어떻습니까?"
의뢰인 "남편이 너무 싫어요. 툭하면 저에게 폭력을 가하는 남편이 죽이고 싶을 정도로 밉습니다."
영감님 "지금 몸에서 올라오는 느낌을 있는 그대로 느껴봅니다. 의뢰인은 양 손의 검지를 보는 동시에 호흡을 의식해 보세요. 다른 분들도 함께 따라해 보세요."

의뢰인이 양 검지를 들고 한동안 바라보았다. 의뢰인을 바라보는 사람들 역시 양 검지를 들고 가만히 바라보았다.

영감님 "지금 들리는 소리를 들어보세요. 발바닥을 의식하세요. 의자에 앉아 있는 느낌은 어떤가요? 모든 감각을 동시에 다 열어보세요."

그 순간, 아주 짧은 찰나였지만 마치 모든 것이 정지한 것처럼 고요하게 느껴졌다. 희한하게도 조금 전까지 괴로움으로 가득하던 의뢰인의 표정이 한결 편안해진 것이 내 눈에도 보였다.

영감님 "의뢰인은 지금 느낌이 어떤가요? 눈앞에 다시 한 번 남편이 있다고 생각해 보세요."

의뢰인 "이제는 남편을 바라봐도 편안합니다. 처음에는 남편이 저에게 일방적으로 폭력을 가한다고 생각했는데, 그 생각을 내려놓고 나니 그게 진실이 아니라는 걸 알게 되었습니다."

영감님 "그게 진실이 아니라는 건 어떤 뜻이죠?"

의뢰인 "저 역시 남편에게 폭력을 가하고 있었던 것 같아요. 꼭 물리적인 폭력이 아니더라도 평소에 가시 돋친 말이나 무시하는 행동으로 남편에게 상처를 주었다는 걸 알게 됐어요. 저도 몰랐던 사실이라 좀 놀라운 마음이 드네요."

영감님 "그렇군요. 의뢰인은 남편의 폭력 때문에 힘들다고 했는데, 자신의 생각과 느낌을 내려놓은 지금 자신 역시 남편에게 폭력적이었다는 사실을 알아차렸습니다."

의뢰인 (얼굴에 미소를 띠며) "집에 돌아가면 남편을 꼭 안아 주고 싶습니다."

영감님 "이것으로 마치겠습니다."

이게 뭐야? 내가 설마 이걸 보려고 여기까지 왔단 말이야? 황당함에 머리가 아팠다. 바로 가방을 챙겨 일어나려는데, 뒤이어 다른 의뢰인이 앞으로 나가는 바람에 하는 수 없이 다시 자리에 앉았다. 내 또래의 남자였다. 과연 어떤 질문이 나올지 살짝 호기심이 생겼다.

"얼마 전에 소개팅을 했는데요, 저는 상대방이 마음에 드는데 상대방은 절 별로라고 생각하는 것 같아서……"

청년이 쑥스러운 듯 얼굴을 붉혔다. 영감님이 청년에게 물었다.

영감님 "지금 앞에 좋아하는 여자분이 있다고 생각해 보세요. 어떤 느낌인가요?"

청년 "너무 좋아요. 세상 아무것도 안 보여요. 오로지 그 사람 밖에는요. 그런데 한편으론 너무 초조하고 불안합니다. 저는 이렇게 좋아하는데, 그쪽은 저를 좋아하지 않을까 봐서요."

영감님 "지금 느껴지는 생각과 감정이 어떻든 그것을 그대로 둡니다. 지금 느껴지는 감각들을 있는 그대로 한번 느껴보세요."

채 1분이나 지났을까, 한동안 검지를 바라보던 의뢰인이 갑자기 웃음을 터뜨렸다.

영감님 "의뢰인은 지금 느낌이 어떻습니까?"

의뢰인 "그 여성이 저를 좋아하든 아니든 아무 상관이 없습니다. 편안해졌어요."

영감님 "그래요. 그럼, 이것으로 마치겠습니다."

자기를 좋아하든 아니든 상관없다고? 이렇게 갑자기? 영감님, 여기 모인 사람들을 어떻게 꾀었는지 몰라도, 자꾸 이러시면 나중에 신고당해요. 이렇게는 못 넘어가지. 내가 손을 번쩍 들었다.

"저, 질문이 있는데요."

"네, 말씀하세요."

"갑자기 이렇게 끝내신 이유를 알 수 있을까요?"

나도 모르게 목소리에 제법 가시가 돋았다.

"의뢰인이 생각과 느낌을 내려놓자 마음이 편안해졌지요? 의뢰인의 마음이 편안해졌기에 마친 것입니다."

"너무 무책임한 거 아닐까요? 깨어 있음…… 그러니까 생각과 느낌의 힘을 어떻게 빼는 건지 잘 모르겠지만, 그걸 하면 마음이 편안해진다고요? 좋아요, 백 번 양보해서 마음이 편안해졌다고 쳐요. 하지만 상황은 하나도 바뀐 게 없잖아요."

"마음이 이미 편안해졌는데, 상황이 바뀌고 안 바뀌고가 그리 중요할까요?"

순간, 뭔가 반박하고 싶었지만 말문이 막혀 아무 말도 할 수 없었다. 그런 나를 보고 영감님이 빙그레 웃었다.

모든 문제를 해결하는 만능 치트키, 정말로 있을까?

조용히 문을 닫고 뒷걸음질로 빠져나왔다. 내가 이 문으로 들어온 지 정확히 30분이 지나 있었다. 이럴 줄 알았어, 이놈의 노인네⋯⋯ 혹시나 싶어 와본 내가 잘못이지. 문제는 여전한데 갑자기 마음이 편해졌다고? 마음이 편해졌으니 상황이 바뀌든 안 바뀌든 그건 중요한 게 아니라고? 꼭 가보라고 한 선배도 원망스러웠다. 지~잉~ 마침 핸드폰 액정에 선배의 이름이 떴다. 호랑이도 제 말 하면 온다더니.

"여보세요?"

"워크숍 잊은 건 아닌가 해서."

"네, 막 나오는 길이에요."

"응? 지금 가는 길이 아니고 나오는 길이라고? 어디 보자, 시간이⋯⋯ 시작한 지 얼마 안 됐을 텐데?"

"선배!"

"응?"

"저한테 이렇게 이상한 데를 대체 왜 가보라고 한 거예요? 선배 말만 아니었어도 안 왔을 텐데…… 이게 뭐예요!"

"음…… 시간 괜찮으면 오늘 저녁에 잠깐 만날까?"

뚱한 얼굴로 선배와 마주앉은 저녁, 선배가 무슨 얘기를 하든 한쪽 귀로 듣고 한쪽 귀로 흘려버릴 생각이다.

"오늘 어땠어? 많이 당황했어?"

선배가 빙긋 웃으며 물었다.

"어땠냐고요? 솔직히 말할까요, 아니면 적당히 포장해서 말할까요?"

나는 오늘 그곳에서 본 것들을 선배에게 곧이곧대로 옮겼다. 선배는 조용히 듣기만 했다. 실컷 말하고 나니 한숨이 푹 나왔다.

"그러니까 거기서 안 나오고 배겨요? 뭔 얼렁뚱땅이람."

"나도 그랬어. 그때 난 우울증에 시달리느라 사는 것 자체에 아무런 의욕도 없었어. 과거는 후회스럽고 앞날은 깜깜하고, 도무지 어떻게 살아야 될지 손가락 하나 까딱할 수 없더라. 지푸라기라도 잡는 심정으로 그곳을 찾았는데, 기껏 양 손가락을 들고 멍하니 쳐다보는 게 전부인 거야. 썩은 지푸라기조차 없어 보이던 그 상황에 얼마나 맥이 빠지던지……"

선배가 계속 말을 이었다.

"처음 갔을 때 나도 너처럼 당장 나오고 싶었어. 너보다 더하면 더했지 결코 덜하진 않았을걸? 그런데 뭐랄까, 이왕 이렇게 된 거 구경이라도 실컷 하고 가자 싶어서 벌떡 일어나려던 마음을 고쳐먹었지. 어차피 오늘 아니면 다시 올 일 없을 테니까. 영감님이 뭘 하는지 궁금하기도 하고. 이것도 인연이라면 인연 아니겠나 싶어서 그저 앉아서 사람들을 가만히 지켜봤어."

"그래서요? 뭘 좀 알아낸 게 있어요?"

"남편 문제, 자식 문제, 돈 문제, 취업 문제…… 사람들은 저마다의 문제로 괴로워하고 있었어. 마치 할 수 있는 거라곤 괴로워하는 것밖에 없는 사람들처럼 말이야. 가만히 지켜보는데 문득 이들이 고민하는 문제가 하나같이 내 얘기 같더라, 이상하게도."

선배가 잠깐 말을 멈추고 나를 바라보았다. 그러고는 빙긋 웃으며 다시 말을 이었다.

"심지어는 나와 관련 없는 시어머니 문제나 이러저러한 다른 얘기들도 다 내 것처럼 여겨지는 거야. 왜 그랬는지는 나도 잘 모르겠어. 저 사람들도 나만큼 괴롭겠구나, 나만큼 힘들겠구나 싶었어. 그런데 말이야 사람들을 계속 지켜보다가 문득 어떤 사실을 발견했어."

선배가 눈을 반짝였다.

"그게 뭔데요?"

나왔다! 호기심 가득한 저 눈! 선배를 4년 넘게 지켜본 후배로서 할 수 있는 말인데, 선배가 눈을 반짝이며 들려준 정보는 꽤나 쏠쏠할 때가 많았다. 학생회 안에서 몰래 연애하는 두 사람을 가장 먼저 눈치 챈 것도 선배였고, A폭격기 교수님 수강 신청 꿀팁을 알려준 것도, 자판기 커피로 스타벅스 커피 맛 내기 비법을 알려준 것도 선배였다. 막상 나열해 보니 고급 정보랄 건 별로 없어 보이지만.

"너도 봤겠지만, 영감님은 '깨어나세요' 아니면 '힘을 빼세요'라는 말밖에 안 하잖아."

"그렇죠. 그냥 그 말만 하고는 끝이죠."

"나도 그날 종일 지켜봤는데, 어떤 상황, 어떤 문제든 영감님은 그 말밖에 안 해. 왜일까?"

"왜긴요! 할 말이 없으니까 그렇죠. 사기꾼이 뭐 이유 있는 거 봤어요? 무조건 이게 최고다 그러지!"

"그날 거기 모인 사람들 중에 처음 온 사람은 나밖에 없었어. 그럼 모두 다시 온 사람들이라는 건데, 그렇다면 어쩌면 효과가 있었다는 거 아닐까 싶더라."

"선배! 그런 말 할 거면 저 먼저 일어날게요. 말이 된다고 생각해요? 그게 실제로 문제 해결이 된 거라고? 하…… 웬만한 판

타지도 개연성은 있어요."

"그래, 개연성. 한번 생각해 봐. 거기 온 사람들이 바보거나 정신이상자가 아닌 다음에야 효과가 없는데 다시 또 올 이유가 있을까?"

"그 사람들이 멀쩡한 사람이라면 효과가 있었다는 말이겠죠. 근데 다들 선배처럼 지푸라기라도 잡으려는 심정으로 온 거 아닐까요? 마음이 괴롭고 급하니까 제대로 판단하기도 힘들 거고요. 논리적으로 말이 안 되잖아요."

"한번 가정해 보자. 영감님은 '깨어나세요'라는 말밖에 안 했는데 사람들에게 효과가 있었다고 하면 그게 뭘 것 같아?"

"'깨어나세요'가 만병통치약이라도 된다는 거예요?"

"사람들을 계속 지켜보는데 문득 그 사실이 궁금한 거야. 어쩌면 '깨어나세요'가 모든 문제에 대입할 수 있는 치트키일지도 모른다는 생각이 들었어. 만약에 그렇다면…… 영감님은 진짜 대단한 걸 만드신 거지."

"치트키요? 게임할 때 꼼수로 쓰는 키 말하는 거죠? 선배, 그런 게 있으면 얼마나 좋게요. 모든 문제를 그렇게 간단하게 해결할 수 있으면 세상 사람들이 왜 괴로워하겠어요?"

이 사람이 의외로 순진한 구석이 있네. 나는 웃으며 고개를 절레절레 저었다. 체념의 웃음이었다.

"정말 없다고 생각해? 네 앞에 체험의 산 증인이 있는데?"

선배가 손으로 꽃받침을 만들어 자기 얼굴에 갖다 댔다.

"아, 진짜……"

선배가 특유의 미소를 띠며 다시 빙긋이 웃었다. 저건 포기를 모르는 웃음이다. 젠장, 또 내가 졌다.

다시 그 문 앞

낯익은 문 하나를 노려보며 30분째 서 있다. 2주 전, 다시는 이곳에 올 일이 없을 거라며 박차고 나온 바로 그 문이다. 여길 또 들어가는 게 맞을까? 나도 모르게 한숨이 푸욱 새어나왔다. 하아~

"잘 오셨습니다."

이 영감님은 소리 없이 등 뒤에서 나타나는 재주가 있으시구나. 고개를 돌려 꾸벅 인사를 했다.

"안녕하세요? 지난번에는 중간에 나가서 죄송했습니다."

"허허. 오고가는 건 개인의 자유지요."

술집에서도 그렇고, 지난번에 와서도 영감님께 버릇없게 군 것 같아 민망한데, 영감님은 전혀 개의치 않은 얼굴로 환하게 웃고 있었다. 괜히 더 민망하다. 고개를 숙인 채 영감님 뒤를 쫄래쫄래 따라 들어갔더니 눈에 익은 얼굴들이 보였다. 꾸벅, 고개 숙여 인사를 하고 지난번 그 구석에 자리를 잡고 앉았다. 어째서인지 지난번보다 더 긴장이 됐다.

"깨어나세요."

나도 이젠 안단 말이지. 양 검지를 세워 바라보았다. 내가 이걸 여기서 또 하고 있다니. 신이시여, 제가 정녕 올바른 길을 가고 있습니까? 별 생각이 다 올라오는 찰나, 영감님이 나에게 물었다.

"어떤 일로 오셨습니까?"

"예? 저요?"

모든 사람의 눈이 나에게로 향했다. 아니, 저의 버릇없음을 이렇게 예고 없는 질문으로 시원하게 갚아주시는 겁니까? 당황해서 말이 잘 나오지 않았다.

"어…… 아…… 예…… 그러니까…… 제가 취직을 해야 되는데…… 취직이 잘 안 되고…… 제가 올해 사주가 안 좋아서 안 된다고 하긴 하는데…… 제가 근데 올해 취직을 꼭 해야 되거든요……"

면접 볼 때는 진짜 똑 부러지게 대답 잘했는데 여기선 왜 이렇게 더듬는 거야? 긴장해서 얼굴이 벌게진 나를 영감님이 앞으로 불러냈다.

"앞으로 나오세요."

손사래를 치는데 발은 홀로 저벅저벅 걸어 나를 영감님 옆에 턱 데려다놓았다. 우물쭈물하면서 영감님 옆에 앉았다. 영감님이 나에게 물었다.

"취직을 생각하면 마음이 어떤가요?"

"괴롭고 답답하죠 뭐. 같이 준비한 친구는 자기 가고 싶은 회사에 떡 붙었는데 저만 떨어지고…… 제가 못난 것 같아서 괴롭네요."

덤덤하게 말하려고 했는데 나도 모르게 울컥하며 목소리가 가늘게 떨렸다.

"자. 의뢰인은 깨어나세요. 깨어나라는 것은 생각과 느낌을 내려놓고 지금 이 순간으로 돌아오라는 말입니다."

"검지를 바라보면 되나요?"

"네, 시작은 그렇게 해도 충분합니다."

'깨어 있음'에 대한 나의 못 미더움을 영감님에게 들킨 것 같아 민망했지만, 앞에 나와 앉은 이상 그냥 다시 들어가기도 멋쩍은 상황이었다. 못 미더운 마음이 한 가득이면서도, 뭐라도 해야 했기에 검지를 세워 바라보았다.

다른 사람들처럼 마음이 금세 편안해지지도 않고, 마음속에서 어떤 미동도 느껴지지 않았다. 이게 뭐란 말이야…… 그럼 그렇지, 이런 게 될 리가 없잖아. 오히려 아까보다 마음이 더 답답하고 무겁게 느껴졌다. 왜 다른 사람들은 편해졌다고 하는데 나는 더 힘들어지지? 머릿속에 오만가지 생각이 지나가는데 영감님이 내게 물었다.

"지금 느낌이 어떤가요?"

"아까보다 훨씬 답답합니다. 눈앞이 캄캄하고 온몸에 힘이 하나도 없어요. 커다란 바위가 몸을 짓누르고 있는 느낌이라서 꼼짝도 할 수가 없네요."

영감님이 말했다.

"깨어나세요."

양 검지를 들고 다시 바라보기를 했다. 깊게 숨을 들이쉬고 내쉬었다. 순간, 조금 전까지 내 가슴을 무겁게 짓누르고 있던 바위가 한순간에 사라진 것처럼 가벼워진 느낌이 들었다. 어? 이게 뭐지? 어리둥절해하고 있는데 영감님이 다시 물었다.

영감님 "지금 느낌이 어떤가요?"

나 "갑자기 몸이 편안해졌어요. 이상하네요."

영감님 "다시 한 번 취직을 떠올려보세요."

나 "마음이 편안합니다. 그리고 꼭 그 회사가 아니라 다른 회사도 괜찮다는 마음의 여유가 생겼어요."

영감님 "이것으로 마칩니다."

얼떨결에 내 세션이 끝났다. 갑자기 왜 가슴이 터질 듯이 무겁다가 일순간에 가벼워진 거지? 그냥 앉아서 검지를 바라봤을 뿐인데 이게 뭐지? 연이어 다른 사람들의 의뢰가 이어졌지만, 잘 집중이 되지 않아 보는 둥 마는 둥 했다. 영감님이 그런 내 마음을 간파하기라도 한 듯 모두를 향해 이야기했다.

"'깨어나세요'라는 말은 '생각과 느낌을 내려놓으라'는 말입니다. 오롯이 눈앞의 양 검지를 동시에 바라보는 것이, 생각과 느낌을 내려놓고 지금 이 순간으로 돌아오는 방법 중 하나입니다. 생각과 느낌의 힘을 빼는 방법 말이에요."

양 검지를 바라보는 것이 어째서 생각과 느낌을 내려놓는 데 도움이 되는지 이해가 되지 않았다. 고개를 갸웃하고 있는데 영감님의 설명이 이어졌다.

"흔히 사람들은 한 가지 감각에 빠지면 다른 감각을 놓치게 됩니다. 예를 들면 핸드폰 게임을 하느라 친구가 부르는 소리를 못 듣는다거나, 화가 나면 사리분별이 흐려지는 것처럼 말이지요. '깨어 있음' 상태에서는 오감이 동시에 작동하기 때문에, 핸드폰 게임을 하더라도 친구가 부르는 소리를 들을 수 있고, 화가 나더라도 정확한 판단을 할 수 있습니다. 그렇지만 이것은 무척 힘이 듭니다. 훈련이 필요하지요. 그래서 일단 양 검지를 바라보는 연습부터 시작해 보는 겁니다. 깨어 있음 훈련을 위한 초보적인 연습이라고 할 수 있는데, 그렇다고 해서 양 검지를 동시에 바라보는 일이 만만한 건 아니에요. 이 연습이 되면 차츰 범위를 넓혀나가게 됩니다. 처음에는 양 검지로 시작하지만, 다음에는 양 검지를 보면서 동시에 호흡을 의식하고, 소리를 듣고, 발바닥의 감각을 인식하고……"

그 말을 듣고 다시 눈앞의 검지를 바라보려고 애썼다. 양 검지를 동시에 보려고 하니 더 눈에 들어오지 않았다. 그래도 양 손가락을 한 번에 보려고 애썼다.

다음 의뢰인은 중년의 여인이었다.

영감님 "어떤 일로 오셨습니까?"
의뢰인 "딸과 사이가 좋지 않아서요."
영감님 "딸을 대할 때 어떤 느낌이 드나요?"
의뢰인 "딸을 볼 때마다 너무 답답해요. 이유를 잘 모르겠어요."

말을 채 마치기도 전에 여인이 울음을 터트렸다. 여인의 우는 모습을 바라보자니 심장이 옮죄는 느낌이 들고 숨쉬기가 너무 힘이 들었다. 무슨 영문인지 그 순간 나는 완전히 그녀의 슬픔에 압도된 기분이었다. 그때 영감님이 말했다.

"모두 깨어나세요."

영감님이 마치 나에게 말하는 듯 재차 깨어나라고 하는 바람에 겨우 검지를 들어 바라보았다. 순간 온몸이 따뜻해지면서 몸에서 힘이 빠졌다. 내가 의뢰인이 되어 앞으로 나갔을 때 느꼈던 감각과 비슷했다. 영감님이 의뢰인에게 물었다.

"의뢰인은 지금 느낌이 어떻습니까?"

"마음이 편안해졌습니다."

울먹이던 여인이 활짝 웃는 얼굴로 말하자, 영감님은 "이것으로 마치겠다"고 했다.

"깨어나세요." 이 말이 선배 말대로 진짜 효과가 있는 걸까? 머리로는 말도 안 된다며 여전히 부정하고 있었지만 내 몸이 분명히 기억하고 있었다. 숨을 쉬기 힘들 정도로 가슴이 답답하다가 눈물이 왈칵 쏟아져 내리고, 일순간에 온몸이 따뜻해지던 그 감각들. 별안간 비가 마구 내리다가 한순간 언제 그랬냐는 듯 해가 나고 맑게 개는 요상한 날씨 속에서 빠져나온 기분이었다.

있는 그대로의 나?

마인드리더십센터에 다녀온 지 일주일이 지났다. 그 사이 다시 원서를 넣기 시작했다. 똑같은 하루가 똑같은 속도로 흘러간다. 아침에 일어나 공채 공고를 클릭하고, 물을 끓여 컵라면에 붓고, 오른손으로는 젓가락질을 하며 왼손으로는 핸드폰을 들여다보다가, 어떤 날은 아예 드러누워 핸드폰을 보다가, 아차 이러면 안 되지 싶어 벌떡 일어나 원서 넣기를 반복했다. 불안하니 자격증이라도 하나 더 딸까 싶어 괜히 중국어까지 기웃거렸다.

내 입으로 "마음이 편안하다"고 말했지만, 그런 고요도 잠시, 금세 나는 불안하고 초조해졌다. 선배는 사람들이 그곳에 다시 온다는 건 효과가 있다는 얘기 아니겠냐고 했지만 나는 반대로 생각한다. 효과를 못 봤기 때문에 계속 오는 게 아닐까? 언젠가 1등에 당첨되길 기대하는 마음으로 매주 복권을 사는 사람들처럼 말이다. 솔직히 말하자면 나 역시 뭔가를 기대하지 않는다고는 말 못하겠다.

어라? 엄마 전화다. 무슨 일 있나?

"여보세요?"

"뭐하노? 밥은 뭇나?"

모니터 옆에 놓인 빈 컵라면 용기가 눈에 들어온다.

"어~ 먹었지. 웬일이에요?"

"웬일은 무슨. 엄마가 새끼한테 전화도 못하나? 목소리 듣고 싶어가 전화 함 해봤다. 취직 준비한다고 마이 힘들제? 너무 스트레스받지 말고~ 돈 모자라면 엄마한테 얘기하고. 끊으께."

아이고 낯간지러워라. 전화를 끊고 나서 온몸 여기저기를 막 긁었다. 전화 한 통에 괜스레 온몸이 배배꼬이는 기분이다. 우리 가족으로 말할 것 같으면, 딱히 용건 없으면 서로 왕래가 없는 그야말로 '조용한 가족'이라, 엄마의 이런 전화 한 통도 못내 어색하다. 우리 엄마도 이제 나이 드시나? 목소리 듣고 싶다는 말도 할 줄 아시네 싶어 피식 웃음이 나왔다.

엄마 목소리를 듣고 나니 가족들과 함께 살 때 끼니마다 엄마가 해주던 따끈한 밥 생각이 났다. 그러고 보니 집에 다녀온 지 벌써 반 년을 훌쩍 넘겼다. 간간이 집에 한번 내려오라는 부모님의 전화가 걸려왔지만, 그때마다 취업 준비 핑계를 대며 어물쩍 빠져나왔다. 부모님과 함께 집에 있으면 괜스레 불편했다.

부모님은 꽤나 엄격한 편이었다. 나의 사사로운 잘못에도 매를 들어 크게 야단을 쳤기에, 어린 나는 늘 부모님 눈치를 보며 지냈다. 어른이 되어서도 그 습관이 여전히 남아 있어서, 나도 모르게 사람들 표정을 살피고 그 사람의 표정이 언짢아 보이면 '혹시 나 때문인가?' 하고 가슴이 콩닥콩닥 뛰었다. 매 맞기 전

아이의 심정처럼.

툭하면 날 혼내던 부모님을 멈추게 하는 방법은 시험을 잘 보는 것이었다. 시험을 잘 보고 나면 그 뒤로 몇 주간은 웬만한 잘못에도 혼나는 법이 없었다. 아, 이거였구나. 나는 그때부터 혼나지 않기 위해서 공부했다. 100점을 맞으면 부모님이 크게 기뻐하며 머리를 쓰다듬어 주었고, 가끔 큰 액수의 용돈도 주었다. 부모님이 나를 향해 따뜻하게 웃어주는 얼굴이 좋아서, 그 웃는 얼굴을 한 번이라도 더 보려고 열심히 공부했다. 100점을 맞지 못하는 날이면 부모님이 나에게 그랬던 것처럼 내가 나에게 스스로 매를 때렸다.

"등신! 그 문제를 왜 틀리냐고!"

"이번에도 2등이야? 진짜 실망이다."

성적표가 나오는 날이면 나는 거울 속의 사람을 향해 소리를 버럭 질렀다. 거울 속의 사람도 나에게 소리를 질렀다.

시험을 칠 때는 항상 조마조마했다. 때로는 심장 소리가 쿵쿵 들렸다. 컴퓨터용 사인펜을 쥔 오른손에 경련이 왔다. 덜덜 떨리는 오른손목을 왼손으로 힘을 주어 잡아야만 문제를 겨우 풀어 내려갈 수 있었다. 시험이 끝나고 며칠이 지나서도 자꾸 심장이 두근거렸다. 한 번은 쇼크가 온 적도 있었다.

끝이 보이지 않는 트랙 위를 전력 질주하는 꿈을 자주 꾸었다. 꿈에서 벌떡 깨면 온몸이 땀에 젖어 있었다. 이 모든 게 끝나면 나도 좀 자유로워질까? 그런데 과연 끝은 있을까? 어쩌면 처음부터 끝은 없었던 게 아닐까?

부모님의 말을 잘 들어야만, 공부를 잘해야만, 좋은 학교, 좋은 회사 따위로 남들의 기대를 충족해야만 사랑받을 수 있다고 굳게 믿었다. 내가 대기업 취직을 위해서 아등바등하는 이유도, 이렇게 괴로운 이유도 어쩌면 부모님으로부터, 친구들로부터, 주위 사람들로부터 사랑받지 못하게 될까봐 두려워서일지도 모르겠다. 좋은 성적, 좋은 학벌, 좋은 회사…… 나를 둘러싼 이런 방패가 없으면 사람들은 나를 어떻게 볼까? 있는 그대로의 나도 좋아하고 사랑해 줄까? 가만히 고개를 저었다.

설마 깨어 있음 덕분에?

"축하드립니다! 귀하는 파이자전거 최종 면접 전형에 합격하셨습니다. 아래와 같이 입사 전 건강 검진 및 입사 일정에 관하여 안내드리오니 참석하여 주시기 바랍니다."

조금 늦게 일어나 핸드폰을 보니 최종 합격 문자가 와 있었다. 아직 꿈속인가? 눈을 몇 번 끔뻑였다가 다시 핸드폰을 들여다봤다. 수십 군데 넣었는데, 단 한 군데 나에게 손을 내밀어준 곳이 사실 별 관심도 없던 자전거 회사라니. 내가 자전거 회사에 가서 뭘 한담? 어디든 취직되면 마냥 좋을 거라고 생각했는데 불평과 불만이 슬금슬금 고개를 쳐들었다.

취직이 되면 어떤 기분일지 매일 생각했었다. 뛸 듯이 기쁠까? 그간의 고생 때문에 눈물이 날까? 드디어 나도 사회의 일원이 되었다는 사실에 뿌듯할까? 당장 출근할 때 입을 정장 사러 갈 생각에 들뜰까?

그런데 정작 아무렇지도 않았다. 일어나서 컵라면을 뜯었다. 너도 이제 마지막이구나. 컵라면에 물을 부어놓고 다시 침대에 털썩 드러누웠다. 컵라면이 익기까지 3분이 참 길었다. 문득 선배가 생각나 메시지를 보냈다.

"선배, 저 합격했어요. 월급 타면 밥 살게요."

까톡.

컵라면 마지막 국물을 후루룩 들이켜는데 선배의 답장이 왔다.

"합격 축하해."

덤덤한 기분으로 축하 인사를 받으니, 문득 주머니에 넣어두고 까맣게 잊어버린 로또 용지처럼 '깨어 있음' 생각이 났다. 에이 설마? 그러면서도 나에게 되묻던 영감님의 눈동자가 또렷하게 머릿속에서 살아났다.

"깨어 있습니까?"

열심히 했기 때문에 실패한 거라니?

"허허, 취직했다고요? 거 참 잘된 일이네요. 축하합니다."

영감님이 나를 보며 시원하게 웃었다.

"그렇게 목맬 때는 안 되더니 다 포기할까 싶던 차에 이렇게 합격이 되네요. 면접장에서 긴장이 돼서 심장이 마구 쿵쾅거리는데, 그때 갑자기 '깨어 있습니까?' 하시던 목소리가 생각난 거예요. '그래, 면접관 마음에 꼭 들어야 한다는 생각을 내려놓자' 싶더라고요. 그 덕분인지 결과가 좋게 나왔네요. 근데 참 아이러니해요, 그렇게 되기를 바랄 땐 안 되고 오히려 마음을 내려놓으니 되고!"

"그게 세상 사는 원리지요."

"선생님, 말씀 낮추세요, 제가 불편합니다."

나도 모르게 '선생님'이라는 소리가 불쑥 튀어나왔다. 하긴 마인드리더십센터에서는 의뢰인들이 다들 영감님을 선생님을 부르고 있으니 그게 더 적절하고 자연스러운 호칭 같아 보이기도 했다. 나야 뭐 술집에서 시작된 인연이라…… 좀 어색하기는 했지만, 뭐 부르다 보면 익숙해지겠지.

"그럼세. 자네는 왜 그동안 취직을 위해 모든 힘과 노력을 쏟아 부었는데 번번이 안 됐다고 생각하나?"

"윽, 너무 잔인한 질문이네요. 잘은 모르겠지만 다른 지원자들보다 뭔가가 부족했겠죠."

"정말로 그렇게 생각하나? 진심으로? 자네를 처음 만난 날 내가 들은 말이 있는데?"

"그때 일은 안 꺼내셔도……"

내 얼굴이 새빨개졌다. 영감님이 허허 웃었다.

"자네는 그날 친구보다 학점도 높고, 토익 점수도 높고, 자격증도 몇 개나 더 있는데 왜 친구는 붙고 나는 떨어졌냐고 울분에 차서 소리를 질렀지 않나?"

"뭐, 운도 실력이니까요. 제가 친구보다 운이 없었겠죠."

"그럼 앞으로도 모든 상황을 운에 맡길 텐가? 설렁설렁해도 운이 좋으면 원하는 것을 얻을 수 있고, 운이 없으면 죽어라 노력해도 안 되고?"

"그 말씀을 들으니 좀 답답하긴 한데, 제가 가진 모든 걸 쏟아부었는데도 안 되는 건 어쩔 수 없는 거겠죠. 운이 없었거나 운명이 아니거나……"

"허허. 운에 운명에…… 자네, 운명을 알고 싶어서 비싼 돈 주고 사주까지 봤다고 하지 않았나?"

"엇, 그러고 보니 사주집에서는 저보고 올해 무슨 짓을 해도 취업 안 될 팔자랬는데, 왜 됐을까요?"

"그 용하다는 사주쟁이도 자네 취업 운은 못 맞췄구먼. 사주대로라면 자네는 올해 취업할 운명이 아닌데 말이야. 자, 이래도 운 타령, 운명 타령 할 건가?"

아무 대답도 못하는 나를 보고 영감님이 빙긋 웃었다.

"자네가 왜 그동안 취업을 못했느냐고? 그건 열심히 해서 그렇네."

"네? 그게 무슨……? 열심히 해서 취업을 못했다니요?"

내 목소리가 열 배는 커졌다.

"아니지. 그냥 '열심히'가 아니라 '너무 열심히' 해서 취업을 못한 것이네."

억울함이 목 끝까지 차올랐다.

"선생님, 이해가 가질 않아요. 전 원하는 걸 이루기 위해서는 모든 힘과 노력을 쏟아 부어야 한다고 배웠고, 그게 지금도 당연하다고 생각합니다. 이루고 싶은 게 있다면 죽기 살기로 매달려야 한다고요. 열심히 하는 게 왜 잘못된 거죠?"

"자네에게 '열심히'의 의미는 뭔가?"

그동안 취업 준비를 어떻게 했더라? 일어나면 책 보고, 동영상 보고, 면접 스터디 다니고, 자격증 학원 다니고…… 사막처럼 메마른 날들이 머릿속에 펼쳐졌다. 찰리 채플린이 등장하는 무성 영화에서처럼, 영화 속 주인공은 말 한마디 없이 그저 분주

하게 왔다 갔다 할 뿐이었다. 주인공이 찰리 채플린과 다른 점이 있다면 줄곧 똥 씹은 표정이라는 사실?

"'열심히'요? 뜨거울 열熱에 마음 심心 아닌가요? 말 그대로 심장 불탈 때까지 '존버'하는 거죠. 별거 있나요?"

"존버가 뭔가?"

"아, 존나게 버틴다고, 애들끼리 쓰는 말이에요."

"심장이 불타오른다…… 좋네. 그런데 심장이 불타오를 정도면 꽤 아프지 않나?"

"당연하죠. 그러니까 열심히 하는 게 힘들죠."

나는 가벼운 한숨을 내쉬었다. 이건 안도의 한숨이다. 지금이라도 합격했기에 망정이지 합격 소식이 없었다면 오늘도 머리를 쥐어뜯고 있을 내 모습이 선연했다.

"그렇게 힘든데도 열심히 하는 이유가 뭔가?"

"원하는 것을 이루기 위해서죠."

"힘들이지 않고 원하는 것을 이룰 수는 없는 건가? 다시 묻겠네. 원하는 것을 이룬 사람들은 모두 죽어라 노력해서 힘들게 이루었을까?"

머리를 한 방 맞은 기분이었다. 그러고 보니 같이 취업 준비를 하던 그 친구는 나보다 항상 여유가 있었다. 나는 늘 시간에 쫓겨 다니는 반면, 친구는 나와 같은 입장인데도 느긋했다. 여유 있는 친구의 모습이 얄미워서, 혹시 금수저 아니냐며 속으로 비아냥거린 적도 여러 번이었다.

"그렇지만 여유로운 태도로 목표를 이루는 게 가능할까요? 예를 들면 시험을 앞두고 다들 조급해지잖아요. 워낙 모범생이라 평소에 준비를 착실하게 해왔다면 마음이 편할지 모르겠지만, 보통은 시험 기간이 되어서야 허둥지둥 시험 준비를 하니까요."

"왜 불가능하다고 생각하나?"

"물론 시험 성적에 욕심이 없다면 여유부릴 수도 있겠죠. 학교 다닐 때도 공부 못하는 친구들은 시험 기간에도 만화책 보고 자기들끼리 놀러 다니고 그러잖아요. 시험 성적에 별 기대가 없으니까요."

"그렇다면 자네도 시험 성적에 대한 기대를 접고 시험을 준비하면 되지 않나? 점수에 대한 압박 때문에 심장이 불타는 고통을 겪느니, 그저 편안하게 시험 준비에 집중하면 되지 않느냔 말일세."

"아유, 참! 시험 성적에 대한 욕심이 없으면 '열심히'가 되나요? 이번 시험은 점수 잘 받아야 한다, 점수 떨어지면 안 된다, 몇 등 해야 한다…… 이런 자극제가 있어야 열심히 하죠."

"자극제라…… 스트레스 때문에 오히려 시험을 더 망치고 말이지?"

"스트레스 때문에 괴로운 건 너무 싫지만, 그게 뭔가를 열심히 하게 하는 원동력이기도 하지 않나요?"

"나라면 심장이 불타는 고통을 택하기보다는 심장을 보호하는 쪽을 택하겠네만……"

가슴께로 손을 가져가며 영감님이 껄껄 웃었다.

"자네는 무언가를 할 때 결과에 대한 걱정 없이 몰입한 경험이 있나? 그게 뭐든 말야. 아주 사소한 것이라도 좋으니 이야기해 보게."

"음……"

결과에 대한 걱정 없이? 지난 기억을 더듬었다. 무엇을 하든 잘해야 한다고 생각했다. 어릴 때는 부모님에게 혼나지 않기 위해서, 엄마에게 기쁨을 주기 위해서였고, 커서는 그 이유를 생각할 겨를이 없을 정도로 숨 가쁘게 달렸다. 그것이 당연하다고 생각했다. 다들 좋은 성적을 받기 위해서, 좋은 대학을 가기 위해서, 좋은 직장을 얻기 위해서, 좋은 배우자를 만나기 위해서 달리고 있으니까. 그래야 한다고 배웠으니까. 결과에 대한 걱정을 한 번이라도 하지 않은 적이 있던가?

문득 어렸을 때 기억이 떠올랐다.

"아, 이런 걸 말씀드려도 될지 모르겠는데요……"

괜히 겸연쩍어 머리를 긁적거렸다.

"괜찮네. 뭐든 좋다고 하지 않았나?"

"어렸을 때 동생이랑 블록을 가득 쌓아놓고 놀곤 했어요. 그게 그렇게 재미있었어요. 그냥 아무렇게나 뭔가를 막 만들었던 것 같아요. 뭘 만들었는지는 기억나지 않지만, 지금도 가끔 그때를 떠올리면 실실 웃음이 날 정도로 즐거워요."

내 입가에 엷은 미소가 번졌다.

"좋아, 한번 생각해 보게. 누군가 그때 자네에게 '한 시간에 블록 쉰 개를 쌓지 않으면 매를 맞을 거야!'라거나 '동생보다 더 멋진 결과물을 만들어!'라고 요구했다면, 자네가 그토록 즐겁게 블록을 쌓을 수 있었겠나?"

"절대 아니죠. 그렇다면 그 말에 얽매여서 블록 쌓기가 정말 괴로웠을 거예요. 동생과 즐겁게 놀지도 못하고, 동생을 경쟁자로 여겼을 게 뻔하고요. 상상만 해도 괴롭네요."

"자네는 좀 전에 스트레스야말로 뭔가를 열심히 하게 만드는 원동력이라고 했었지. 지금 생각도 그런가?"

"…… 아닌 것 같아요. 그렇지만 시험을 치르는 건 누구나 싫어하지 않을까요? 제 말을 좀 수정해야 할 것 같네요. 하기 싫은 일을 잘 하기 위해서는 스트레스가 필요하다."

"자네에게는 하고 싶은 일과 하기 싫은 일이 둘로 딱 나눠져 있구먼."

"당연하죠. 누구에게나 하고 싶은 일과 하기 싫은 일은 명확히 구별되어 있지 않나요?"

"어릴 때 자네는 블록을 즐겁게 쌓았지만, 누군가 제약을 가하면 싫은 느낌이 들 거라고 말했지?"

"네, 맞습니다."

"자네는 시험 치르는 것을 누구나 싫어할 거라고 말했지만, 그걸 자기가 지금껏 배운 내용을 얼마나 이해하고 있는지 가늠하는 바로미터로 삼기 위한 거라고 생각하면 굳이 싫어할 필요가 있을까?"

여태껏 셀 수 없을 정도로 많은 시험을 치러왔다. 받아쓰기부터 시작해 국어, 영어, 수학, 사회, 과학, 불어, 영어, 중국어…… 종이로 치는 시험뿐인가? 달리기, 오래 매달리기, 배구, 농구, 계란 프라이 뒤집기, 바느질하기, 붕대 감기…… 각종 콩쿠르와 경시 대회까지. 대학생이 되어서는 전공 과목 외에도 토익, 토플, 텝스며 컴퓨터까지 각종 시험이 나를 기다리고 있었다. 어쩌면 내 인생의 모든 영역을 점수화할 수 있을 거라는 생각을 해본 적도 있었다. 숨쉬기 몇 점, 걷기 몇 점, 밥 먹기 몇 점, 잠자기 몇 점……

이렇게나 많은 시험을 치러왔지만 단 한 번도 시험을 앞두고 편안했던 적이 없었다. 시험이 내 인생을 결정짓는 중요한 잣대라는 생각을 했기 때문이다. 나의 자존감, 부모와의 관계, 친구 관계, 진로, 연봉…… 이 모든 게 오로지 시험 하나에 달려 있었다.

"모든 사람이 좋은 시험 성적을 받고 싶다는 마음이 있지. 자네는 시험 공부할 때 어땠나?"

"늘 시간에 쫓기고 마음이 초조했어요. 시험을 칠 때는 컴퓨터용 사인펜을 쥔 오른손에 경련이 올 정도로 긴장을 많이 했고요."

"왜 그렇게 긴장했을까?"

"성적이 떨어지면 부모님이 나에게 실망할 거고, 선생님도 그러실 거고, 친구들은 나를 좋아하지 않을 거고…… 여러 가지 생각이 많았죠."

"결과는 어땠는데?"

"간혹 등수가 떨어질 때도 있었지만 결과는 그럭저럭 괜찮았어요. 성적이 떨어질 때는 정말 죽고 싶을 정도로 처참한 기분이 되곤 했지만요."

시험은 내게 늘 공포의 대상과도 같았다. 시험 점수가 곧 나라는 인간이 몇 점인지를 알려주는 척도라고 생각했다. 점수가 100점이면 나도 100점짜리 인간이 되었고, 주변에서도 100점짜리 대접을 해주었다. 그래서 100점을 받지 못하는 날엔 스스로 덜떨어진 인간이라 여겼고, 주변에서도 나를 무시하는 것 같아 괴로웠다. 그래서 시험에 죽기 살기로 매달릴 수밖에 없었다. 딱 한 번만 빼고.

"아! 진짜 편하게 쳤던 시험이 하나 있어요. 고3 수능 끝나고 쳤던 운전면허 시험이요."

"그 시험은 왜 편하게 쳤나?"

"시험 자체가 쉽기도 하고 커트라인이 높지 않았거든요. 100점 만점에 60점만 받으면 되는 시험이라. 그런데 너무 웃긴 게 뭔 줄 아세요?"

"뭔가?"

"100점을 맞았어요. 하하하."

"그 시험도 죽기 살기로 공부했나?"

"전혀요! 성적에 대한 부담감이 없어서 며칠 시간 내서 공부한 게 다예요."

"편하게 시험을 보니 기분이 어땠나?"

"부담이 없어서인지 손에 경련도 없고 즐겁게 시험을 쳤죠."

"시험 보는 것 자체가 즐거웠단 말이지?"

"네, 시험을 그렇게 대해본 건 처음이었어요. 마음이 편하더라고요."

"모든 시험을 그렇게 편하게 대할 수 있다면 어떨 것 같은가?"

"모든 시험을요?"

성적에 대한 압박 없이 시험을 칠 수 있다면 한결 가뿐하고 편할 것 같았다. 그러나 몇 점을 받든, 몇 등을 하든 상관하지 않을 수 있을까? 정말로?

"음, 그게 가능할지는 모르겠지만, 만약 그렇다면 시험 공부를 할 때도 마음이 좀 느긋할 것 같아요. 차근차근 이해하면서 공부하려고 할 것 같고, 시험을 칠 때도 마음이 불안하지 않겠지요."

"그렇게 시험을 치면 성적은 어떨 것 같은가?"

"나쁠 것 같진 않아요. 오히려 마음도 편하니 문제를 더 명확하게 봐서 잘 풀 수 있을 것 같기도 하고요."

"자네가 말한 심장이 불타오르는 '열심히'와는 거리가 완전히 멀어졌군."

"그러네요?"

"자네가 취직한 것도 같은 원리일세. 이해하겠나?"

그러고 보니 그랬다. 여태까지의 면접에서는 나도 모르게 잔뜩 긴장한 채로 똑같은 말만 기계처럼 늘어놓고 나왔다. 내가 무슨 대답을 했는지도 몰랐다. 그런데 이번 면접에서는 웬일인지 마음이 편안해서 차근차근 생각하고 대답할 수 있었다.

나는 가만히 고개를 끄덕였다.

칼을 내려놓아라

"그렇다면 선생님! 어떻게 하면 편해질까요? 계속해서 시험을 예로 들자면, '나 시험 망쳐도 괜찮아!' 이렇게 마음먹으면 편해질까요?"

"자네, 정말 시험 망쳐도 되나?"

"아니요. 잘 보고 싶은데요."

"시험을 칠 때 잘 보고 싶은 게 당연하지 못 보고 싶은 사람이 어디 있겠나?"

"그렇지만 잘 보고 싶은 마음 때문에 스트레스를 받는걸요."

"잘 보고 싶은 마음을 갖고 공부하게. 다만 긴장하지 말게나."

"에이! 그 두 개가 한 세트인데, 그게 어떻게 되나요?"

영감님이 빙긋 웃으며 나를 바라봤다.

"자네가 말한 '시험 망쳐도 괜찮다'는 말부터 들여다보지. 자네는 최근까지도 취업이 되지 않아서 마음고생을 많이 했네. 전전긍긍하는 자네를 위로하기 위해 내가 자네에게 '취업 못해도 괜찮아!'라고 말했다 쳐보세. 그 말을 들은 자네 마음이 어떨 것 같은가? 정말로 편안해질 것 같은가?"

"글쎄요, 그런 말을 듣는다고 불안하던 마음이 당장 편안해질 것 같지는 않은데요."

"그렇다면 내가 자네를 만날 때마다 '취업 못해도 괜찮아'라고 말한다고 생각해 보게. 들으면 들을수록 괜찮아지겠나?"

"오히려 불편하고 괴로울 것 같습니다. '괜찮기는 뭐가 괜찮아' 하고 화가 날 것 같은데요?"

"왤까?"

"음, 글쎄요. 제가 성격이 좀 모나서 그런가……"

"자네도 들어봐서 잘 알고 있겠지? '코끼리를 떠올리지 마세요'라든가 '바나나를 생각하지 마세요'라는 말을 듣는 순간, 그 사람이 어떻게 행동하는지를?"

피식 웃음이 났다.

"사람들은 하지 말라면 기가 막히게 하죠. 그 말을 들으면 단번에 코끼리와 바나나를 떠올리거든요."

"'취업 못해도 괜찮아'라는 말도 마찬가지일세."

"이 말은 그냥 단순한 위로의 말 아닌가요? '취직 못하면 안 돼!'랑은 다른 말이잖아요……"

"말을 긍정으로 하느냐 부정으로 하느냐가 중요한 게 아니네. 자네, 얼마 전에 연인과 헤어졌다고 했던가?"

갑자기 어깨가 움찔했다.

"선생님은 사람 아픈 데를 후벼 파는 재주가 있으세요."

"하하 그런가? 미안하네. 헤어지고 나서 마음이 많이 괴로웠을 텐데 어떻게 했나?"

"미안하다고 하시면서 계속 후벼 파시네요."

나는 가볍게 눈을 흘겼다.

"이를 악물고 취업 공부에 매진했죠. 조금이라도 틈을 주면 자꾸 생각이 나서 괴로웠거든요. 남들 다하는 이별, 나라고 유별난 것 아니다, 나는 괜찮다, 나는 괜찮다…… 하루에도 수십 번씩 괜찮다고 되뇌면서 이를 악물었어요."

"효과가 있던가?"

"실은 별로 없었습니다."

"자네가 괜찮다, 괜찮다 하고 가장 많이 말했을 때가 언제인가?"

"생각해 보니 가장 힘들 때 그랬네요. 정말 괴로울 때마다 '나는 괜찮다!' '나는 아무렇지도 않다!' 하고 외쳤으니까요."

"자네의 '괜찮다, 괜찮다'는 말은 결국 '지금 괜찮지 않다! 괜찮지 않다!'라는 뜻이로구먼, 허허."

그 말이 맞았다. '괜찮다'는 말을 가장 많이 찾은 때는 문제나 걱정거리가 내 발목을 잡고 놔주지 않을 때였다. 나는 양 발목을 문제에 휘감긴 채 발버둥 치면서 '괜찮다! 나는 지금 괜찮다!'라고 부르짖은 셈이었다.

"네, 무슨 말씀인지 알겠어요. 사람들이 '나는 할 수 있어!'라고 말할 때는, 사실 진짜 할 수 있을 때가 아니라 할 수 없을까봐 두려울 때라는 거죠? 밥을 먹을 때나, 마트에 화장지를 사러 가면서 '나는 할 수 있어!'라고 말하는 사람은 없으니까요."

"그렇지. 아이러니하게도 '괜찮다'는 말은 결국 '현재 괜찮지 않다'는 것을 나타내는 말일세. 정말 괜찮으면 괜찮다고 되뇔 필요가 없지 않겠나?"

"그 부분에는 동감합니다만, 괜찮지 않은 상태에서도 계속 괜찮다고 말하면 어느 정도 괜찮아진 느낌이 들기도 해요. 어떤 일에 맞닥뜨려 두려움이 올라오는 상황에서 '나는 할 수 있어!'라고 말하면, 그 말을 하기 전보다 훨씬 더 자신감이 생기는걸요."

"그렇네. 자네 말대로 말에는 특별한 힘이 있지. 두려움이 생길 때는 두려움과 맞서 싸울 수 있게 해주고. 그렇다면 '말'을 두려움을 물리치는 칼에 한번 비유해 볼까?"

"좋습니다!"

"자네의 마음속에는 두려움, 공포, 불안 등 자네가 없애고 싶어 하는 온갖 것들이 도사리고 있네. 그것들을 만날 때마다 자네가 '말'이라는 칼을 휘두른다고 해보지. '나는 괜찮아!' '나는 할 수 있어!' '나는 이길 수 있어!' 하고. 처음에는 자네도 칼을 휘두르지만 확신이 없네. 그렇지만 시간이 갈수록 칼을 휘두르는 기술이 노련해져 두려움, 공포, 불안이 사라진 것처럼 보이지. 자네는 비로소 칼을 내려놓고 승리를 확신하네."

이야기가 제법 흥미진진했다. 영감님이 나에게 물었다.

"자, 그렇다면 자네는 칼을 완전히 버릴 수 있는가?"

"아니요. 그렇게는 못합니다."

"왜지?"

"언제 다시 두려움과 불안이 고개를 쳐들지 모르니까요. 항상 칼을 준비해 두어야 합니다."

"불안과 공포, 걱정, 긴장…… 이 모든 감정에는 끝이 없네. 수를 헤아릴 수 없게 끝도 없이 몰려오는 적이라고 생각하면 기분이 어떤가?"

"너무 끔찍한데요. 평생 칼을 휘둘러야겠군요."

"적이 덮쳐올 때를 대비해서 항상 칼을 벼르는 것과, 칼을 휘두르지 않고도 적이 스스로 사라지게 하는 것, 즉 불안이나 공포가 올 때 그것을 알아차리고 그 감정을 내려놓는 것. 둘 중에 어떤 것이 더 나은가?"

"당연히 후자죠. 적이 언제 덮쳐올지 모르니 항상 불안해하면서 칼을 준비하는 것과 아예 칼이 필요 없이 평화롭게 사는 것은 하늘과 땅 차이니까요."

"이제 이해할 수 있겠나? 정말 괜찮은 상태는 '괜찮다'는 말을 넘어선 상태일세. 괜찮다는 말이 지워진 상태가 진정으로 괜찮은 상태라네. 말로 '괜찮다'고 뇌까리는 것이 아니라, '괜찮다'고 하는 그 언어의 감옥에서 나온 상태, 적을 겨누는 칼 자체가 필요 없는 그 상태 말이네."

칼이 필요 없는 진정한 평화…… 나는 고개를 끄덕였다.

"아무리 '나는 시험 망쳐도 괜찮아'라고 말해도 결국 언어에 사로잡혀 있는 것이라 소용이 없는 거군요. 저 말을 한다는 자체가 괜찮지 않다는 것에 대한 반증이니까요."

"그렇지. 제대로 이해했구먼. 그렇다면 '시험 잘 보고 싶은 마음을 그대로 두고 긴장하지 않는다는 것'이 뭔지 이야기해 볼까?"

"좋습니다!"

영감님이 파놓은 모래 늪에서 허우적대는 건 사실이지만, 어째 이 늪에서 허우적거리는 것에 점점 더 흥미가 느껴졌다.

내가 원하는 모든 것은 결코 이루어질 수 없다니! 이 무슨 악담이람!

"시험을 잘 보고 싶은 마음이나 돈을 많이 벌고 싶은 마음, 멋진 애인을 만나고 싶은 것…… 이 모든 것을 소원이라고 볼 수 있을 텐데, 자네는 어떤 소원이 있나?"

"취직하기 전까지는 취직하는 게 소원이었죠. 이젠 취직했으니 직장 가서 인정도 받고 싶고, 돈도 많이 벌고 싶고, 또 좋은 사람도 만나고 싶……"

"안 될 걸세."

내 말이 채 끝나기도 전에 영감님이 빙긋 웃으면서 말했다. 꽃이 채 피기도 전에, 아니 싹조차 틔워 올리기 전에 구두 밑창으로 살포시 즈려밟는 나쁜 영감탱이 같으니라고!

"아니, 시작도 하기 전에 안 된다는 말씀부터 하세요? 너무하신 거 아니에요?"

"다시 한 번 말하지. '자네가 원하는' 모든 것은 결코 이루어질 수 없네."

올라오는 화를 주체하지 못하고 내가 버럭 소리를 질렀다.

"너무하신 거 아닙니까? 잘될 거라는 덕담은 못해줄망정 안 될 거라고 아예 제 가슴에 대못을 박으시네요!"

"자네는 그저 두루뭉술하게 앞으로 잘될 거라는 덕담이 필요한가? 그거라면 백 번도 더 해주지."

이 분이 사람을 들었다 놨다 하는 재주가 보통이 아니다. 이런 연애 상대를 만난다면 난 눈물 콧물을 흘리며 질질 끌려다니겠지…… 고개를 세차게 저었다.

"자, 선택하게. 그저 잘될 거라는 두루뭉술한 덕담인가, 아니면 확실하게 잘되는 방법인가?"

"그야 당연히 확실하게 잘되는 방법이 필요하죠. 알려주세요. 왜 제가 원하는 모든 것이 이루어질 수 없다고 하시는지."

"간단하네. 자네가 '원하기' 때문이네."

"원하기 때문에 원하는 게 이루어지지 않는다니⋯⋯ 무슨 말장난이세요?"

혼란스러웠다.

"자네도 그동안 살면서 간절히 무언가를 원해본 적이 있겠지?"

"그럼요. 사람이라면 살아가면서 평생을 무언가를 원하면서 살아가죠. 원하지 않고 살아가는 사람은 단 한 명도 없을걸요."

"좋네. 그렇다면 자네가 간절히 원한 무언가 중에 이루어진 것이 있나?"

"간혹 이루어진 것도 있지만, 이루어지지 않은 게 훨씬 많긴 하죠."

"그때마다 기분이 어땠나?"

"간절히 원했던 만큼 그게 이루어지지 않았을 때 상실감도 컸죠. 그렇지만 다들 '그게 삶이야' '그게 인생이야' '인생은 원래 그런 거야'라고 말하더군요. 인생이란 원하는 것을 쉽게 주지 않는다고요."

"그러면 그 뒤로는 원하는 것이 있을 때마다 어떻게 했나?"

"원하는 것은 여전히 있지만 기대를 잘 안 하게 돼요. 괜히 기대했다가 실망만 할까 봐요. 이번에도 안 되겠지 뭐…… 반 자포자기 심정이랄까요?"

"흔히 간절히 원하면 이루어진다고들 하지. 그런데 왜 자네의 소원 중에는 이루어진 것보다 이루어지지 않은 게 훨씬 더 많을까?"

"믿음이 부족해서 그런 걸까요? 더 강렬하게 원했어야 하는 걸까요?"

영감님이 빙긋 웃었다.

"자네는 언제 원하나? 사람들이 무언가를 원할 때는 언제일까?"

"당연히 나에게 없는데 너무 갖고 싶을 때죠. 돈 벌고 싶은데 직장이 없으니 취직하기를 원하고, 연애하고 싶은데 애인이 없으니 멋진 애인을 원하죠. 나에게 이미 있는 걸 원하는 사람은 없으니까요."

"정확한 답변일세. 이미 가지고 있는 걸 원하는 사람은 없지. 그렇다면 '무엇을 원한다'는 말은 곧 '나에게 무엇이 없다'는 말과 일맥상통한다고 할 수 있겠군. 그런가?"

"음…… 맞습니다."

"'나에게 무엇이 없다'는 말을 들으면 어떤가? 그 '무엇'에 자네가 지금 가장 원하는 것을 마음속으로 대입시켜 보게."

"마음속에서 결핍감이 느껴집니다. 남들한테는 있는데 왜 나에겐 없을까, 언제쯤 가질 수 있을까, 진짜 내 차례가 오긴 할까…… 이미 그것을 가지고 있는 남들과 비교하면 열등감도 느껴지고요."

"바로 그 생각과 느낌 때문에 자네가 원하는 것이 이루어지지 않는 것이네."

"생각과 느낌 때문이라고요? 외모, 학벌, 돈, 인맥 같은 물리적인 제약 때문이 아니라 제 생각과 느낌 때문에요?"

"자네, '생각한 대로 된다'는 말, 들어본 적 있나?"

"책이나 TV에서 수없이 많이 접해서 알고 있습니다. 솔직히 좀 지겨워요."

"이 말의 뜻이 뭐라고 생각하나?"

"긍정적인 생각을 하라는 뜻이겠죠. 좋은 생각 해라, 하면 된다…… 뭐, 그런."

"이 말은 있는 그대로의 사실일세. 1+1=2라는 수학 공식처럼 말일세."

"그 말이 사실이라고요? 그런데 왜 원하는 대로 되지 않았을까요? 저는 살면서 정말 많은 것들을 애타게 원해왔어요. 그렇지만 잘 되지 않았죠. 생각대로 된다는 말이 사실이라면, 제가 원한 모든 것들은 다 이루어졌어야 하지 않나요?"

그동안 애타게 원했지만 가질 수 없었던 그때의 좌절감이 되살아나 나도 모르게 목소리가 커졌다.

"아까 '무엇을 원한다'는 말은 곧 '나에게 그 무엇이 없다'는 말과 같다는 거라고 자네도 동의하지 않았나?"

"네, 맞습니다."

"그럼 자네가 애타게 원했다는 것은 '나에게 무엇이 없다'는 것을 강력하게 인정한 셈이 되겠군."

"그럼 제가 취직을 간절하게 원한 것은 '나는 직장이 없어, 나는 직장이 없어' 하고 힘껏 소리친 셈인가요?"

"정확히 자네가 생각한 대로 되지 않았나? 그동안 계속 취직이 안 됐지."

땡~ 큰 종소리가 귓가에서 울렸다. 나는 정신을 가다듬었다.

"선생님!"

"말해보게."

"혹시 이게 아까 선생님이 말씀하신 '괜찮다'라는 언어의 감옥과 비슷한 논리인가요? '괜찮다'는 말은 결국 '괜찮지 않다'는 말이라고 하셨잖아요. '원한다'는 말도 속뜻은 '나에게 없다'는 것이라고 하셨고요."

"자네, 가끔 보면 참 똑똑하군."

영감님이 미소 지으며 수염을 가볍게 쓸어내렸다.

"그러면 왜 걱정하는 건 걱정하는 대로 될까요? 괜찮은 것은 괜찮지 않은 것이고, 원하는 것은 원하지 않은 것에 다름 아니라면, 왜 걱정하는 것은 걱정하는 대로 되죠? 이거 뭔가 좀 불공평하지 않습니까?"

"금세 평소의 자네로 돌아왔구먼."

영감님이 껄껄 웃으며 말을 이었다.

"자네가 취직을 생각할 때 어떤 마음이었나? 취직될 생각에 설렜나?"

"무슨 말씀이세요? 그런 마음이 있다면 걱정도 안 하죠. 앞으로 계속 취업이 안 되면 어떡하나 싶어 마음 졸였죠."

"말과 속마음이 그대로 일치하는구먼. 취직 안 될 거야, 취직 안 될 거야, 안 될 거야. 잠재의식에서 그렇게 부르짖고 있으니 당연히 그대로 실현될 수밖에."

"아……"

"자네가 마음속으로는 안 될 거라고 불안해하면서 겉으로는 괜찮다고 말하는 것, 원한다고 말하면서 마음속으로는 결핍에 집중하는 것, 모두 '1+1=3'이라고 외치는 것이나 똑같네. 자네가

'1+1=3'이라고 외치고 마음먹으면 '1+1=3'이 되는가? 언어와 거짓 생각을 뛰어넘게. 그 너머의 잠재의식에 무엇이 들었는지를 잘 들여다보게. 마음의 공식은 잠재의식에 맞추어 작동하네."

영감님의 말을 여러 번 곱씹었다.

쥐지 않고도 쥐는 법

"선생님! 무언가가 이루어지지 않으면 어쩌나 지레 겁먹고 두려워하는 마음 때문에 여태까지 많은 일들이 이루어지지 않았다면, 그러면 그 마음을 어떻게 없애나요?"

"허허…… 마음은 절대 없앨 수 없네."

또다시 혼란스러웠다. 원하는 일이 뜻대로 이루어지지 않는 이유가 마음 때문이라면, 걸리적거리는 그 마음만 없애면 모든 일이 순조롭게 해결될 텐데 그 마음을 없앨 수 없다니……

"왜 마음을 없앨 수 없는 건가요?"

"사람은 본디 생각하는 존재일세. 데카르트도 말했지 않나? '나는 생각한다, 고로 나는 존재한다'고. 자네는 단 한 순간이라도 생각하지 않을 수 있나?"

생각하지 않을 수 없나? 영감님의 말을 듣고 생각해 봤다. 앗,

이것도 생각이군. 그렇다면 흡! 하고 숨을 참는 것처럼 생각을 한번 참아봐야지. 생각하지 말자, 생각하지 말자, 생각하지 말자…… 이게 무슨 바보 같은 짓이람!

"그렇다면 도무지 어떻게 해야 할지 모르겠는데요? 원하는 일이 이루어지지 않는 것은 마음, 즉 생각 때문인데, 인간은 단한 순간도 생각하는 것을 멈출 수 없다, 생각 자체를 없앨 수 없다고 하면 너무 절망적입니다. 그저 아무것도 원하지 않아야 비로소 마음이 편해질까요?"

"살아있다는 것은 원한다는 것이네. 살아있는 인간이 원하는 것은 당연하네. 물을 마시고 싶고, 밥을 먹고 싶고, 친구를 만나고 싶고, 아름다운 경치를 보고 싶고…… 다양한 경험을 하길 원하지."

"제가 원했기 때문에 이루어지지 않는다고 하셨잖아요."

"'원함' 자체가 문제라기보다 그 소원을 둘러싼 생각과 느낌이 어떠했나를 봐야 하네."

"소원을 둘러싼 생각과 느낌……"

"자네는 취직하기를 간절히 원했지. 불안하고 초조한 마음 없이 취직하기를 원했다면 어땠을까?"

"그랬다면 편안한 마음으로 취직 준비에 좀 더 매진할 수 있었을 것 같습니다. 컨디션도 좋았을 테고요."

"내 말이 그 말이네. 원하게. 그렇지만 원하는 것을 둘러싼 생각과 느낌을 내려놓게."

"소원을 둘러싼 생각과 느낌을 내려놓는다…… 선생님, 내려놓는다는 말이 무슨 뜻이죠? 생각과 느낌을 없애라는 말씀인가요? 좀 전에 생각은 없앨 수 없다고 하셨잖아요."

"허허, 내려놓는다는 말은 없애라는 말이 아닐세."

"도무지 모르겠어요!"

영감님은 탁구공 하나를 가져와 탁자 위에 올려놓았다.

"자, 이 탁구공을 소원이라고 해보세."

탁구공의 산뜻한 주황색이 가볍게 빛났다.

"탁구공을 손으로 잡아보게."

나는 탁구공을 손으로 집어 들었다.

"그건 자네의 소원이니, 떨어뜨려선 안 되겠지?"

탁구공을 쥔 손에 저절로 힘이 들어갔다. 더 쥐었다간 탁구공이 찌그러질 것 같았다. 영감님이 말했다.

"나는 떨어뜨리지 말라고 했지 꽉 쥐라고는 하지 않았네. 탁구공을 꽉 쥔 손아귀의 힘, 그게 바로 소원을 둘러싼 '생각과 느낌'이네. 그런 상태에서 소원이 제대로 이루어질 리 있겠는가? 애타게 원한다는 것은 소원을 꽉 쥐고 놓지 않는 것이네. 결국 소원이 찌그러져버릴 정도로 말일세."

영감님이 내 눈을 바라보며 물었다.

"소원을 둘러싼 생각과 느낌을 '내려놓으려면' 어떻게 해야겠나?"

나는 쥐고 있던 탁구공을 탁자 위에 다시 내려놓았다.

"이렇게요?"

"생각과 느낌을 내려놓는다는 것은 생각과 느낌을 버리거나 지우는 것이 아닐세. 자네는 탁구공을 아예 손에서 내려놔 버렸네. 이것은 소원 자체를 내려놓은 것이네."

"음, 어렵네요. 탁구공이 소원이라고 하셨고, 손아귀의 힘이 생각과 느낌이라고 하셨는데……"

"많은 사람들이 착각을 하지. 소원을 둘러싼 생각과 느낌을 내려놓으라고 하면 그냥 소원 자체를 놓아버려야 한다고 말이야. 돈을 내려놓으라고 하면 돈을 벌지 말고, 돈을 무시하고, 돈이 필요 없다고 생각해야 하냐고 묻지."

"소원을 내려놓지 않아도 되나요?"

"소원을 하는 것은 인간으로서 당연한 것이네. 살아있다는 것은 원하는 것이라고 말하지 않았나? 큰돈을 벌고 싶다고 생각할 수도 있고, 무엇이 되고 싶다, 하고 싶다…… 얼마든지 품을 수 있네. 더 큰 소원도 얼마든지 품을 수 있지. 다만 그 소원을 품고 있는 것이 고통스럽다면, 그리고 그것이 이루어지지 않는다고 고통스러워한다면, 그것은 분명 돌아볼 필요가 있네. 욕심이고, 집착이고, 깨어 있지 못하다는 증거일 테니까. 다시 말하지만 소원은 그대로 두고 생각과 느낌을 내려놓게."

"소원은 그대로 두고 생각과 느낌을 내려놓는다……"

나는 다시 탁구공을 움켜쥐었다. 소원을 버리라는 것이 아니다? 생각과 느낌을 내려놓는다? 탁구공을 둘러싼 손아귀의 힘…… 탁구공을 꽉 쥐고 있던 손에서 힘을 살짝 풀어보았다. 힘을 조금 더 풀어보았다. 쫙 펼쳐진 손바닥 위에 탁구공이 있다. 내 손아귀에는 힘이 전혀 없었다.

영감님이 나를 보고 빙긋 웃었다.

"이제 알겠는가? 쥐지 않고도 쥐는 법을?"

몸의 긴장이 곧 마음의 긴장

"자네는 지금도 꽉 쥐고 있네."

"제가요?"

나는 양 손바닥을 들어 영감님의 눈앞에서 펼쳐보였다.

"보세요. 저는 아무것도 쥐고 있지 않은데요?"

"손으로만 쥐는 게 아닐세. 자네 어깨가 아주 꽉 쥐고 있구면 그래."

어깨? 어깨를 인식하는 순간, 어깨가 돌처럼 딱딱하게 굳어 있는 게 그제야 느껴졌다. 통증 때문에 이맛살을 가볍게 찌푸리는 나를 보고 영감님이 빙긋 웃었다.

"어깨가 그렇게 뭉쳐 있는데 전혀 몰랐군."

"네, 툭하면 어깨가 뭉쳐서요. 이제는 그냥 그러려니 해요."

"자, 그럼 이제 어깨가 느낌을 쥐고 있다는 것을 알았으니 내려놓게."

어깨 통증을 내려놓으라고요? 이건 또 어떻게 내려놓지? 토끼 간처럼 어깨를 탁 갈라서 통증을 꺼낼 수 있는 것도 아니고.

"통증이 탁구공도 아니고 어떻게 내려놓습니까?"

눈을 멀뚱멀뚱 뜨고 있는 나를 보며 영감님이 허허 웃었다.

"그러면 어떻게 쥐었나? 태어날 때부터 어깨 통증이 있었던 것은 아니지 않나?"

영감님 말씀이 맞다. 어깨 통증을 호소하며 마사지를 받으러 다니는 아기들은 없지 않은가? 아기들 몸은 식빵처럼 말랑말랑하다. 그렇다면 내 어깨 통증은 언제부터 있었던 거지? 학생 때 시험 공부를 하면서도 늘 어깨가 아파서 고생했으니 이게 신체의 일부처럼 꽤 오랜 시간 함께한 것은 틀림없었다.

"스트레스를 받아서 어깨 통증이 생긴 것 같은데요?"

"어깨로 신경을 쓰는 것도 아닌데 왜 어깨가 굳나?"

"네? 그거야……"

한 번도 생각해 보지 않았던 질문이었다. 스트레스를 받으면 어깨가 쉽게 뭉쳐서 으레 그러려니 했다. 나만 유별난 게 아니라 친구들도 비슷한 증상을 호소했기 때문에 다들 그런 줄 알고 지냈다. 그런데 정말로 왜 이렇게 어깨가 굳었을까?

"어깨 통증은 자네가 만든 것이네. 외부의 어떤 힘이 가해져서 아픈 게 아니라면, 자네 내부에서 생긴 것 아니겠나? 자네는 스트레스를 받아서 어깨 통증이 '생겼다'고 이야기했지만, 정확히는 통증을 스스로 '만든' 것이네."

"제가 통증을 만들었다고요?"

"'정확히는 '자기가 원하는 대로 되어야 한다'는 마음이 만든 거지. 그게 바로 스트레스의 정체랄 수 있네. 그것은 계속해서 자네의 단단한 어깨 같은 굳은 몸들을 대량 생산해 내고 말이지."

"그렇다면…… 결국 마음 때문에 몸이 아픈 거라는 뜻인가요?"

"자, 스스로 만들었으니 이제 스스로 내려놓을 차례네."

영감님이 다시 한 번 수염을 매만지며 나를 보고 웃었다. 그 논리에 반박할 여지가 없었지만, 그래도 마음 때문에 실제로 몸이 아플 수 있다니 뭔가 좀 미심쩍었다.

"선생님! 정말로 마음 때문에 몸이 아플 수 있나요?"

"자네도 '사촌이 땅을 사면 배가 아프다'는 속담을 들어봤겠지? 왜 누군가를 질투하는데 배가 아픈 걸까?"

"음…… 생각해 보니 저도 실제로 그런 경험이 있네요. 시기심 때문에 정말 배가 아픈 적도 있었고, 분노 때문에 가슴이 꽉 막힌 듯 답답한 적도 있었어요."

"머릿속의 생각과 몸의 느낌은 별개의 것이 아니네. 그래서 마음의 고통이 몸의 고통을 만들 수 있는 것이지."

"생각과 몸이 하나란 말씀이세요?"

"무섭다는 생각이 들면 머리가 쭈뼛 서는 것, 발표하러 사람들 앞에 서면 갑자기 심장이 쿵쿵 뛰는 것, 부끄러운 상황에서 얼굴이 돌연 빨개지는 것, 자네도 이런 경험이 있겠지? 이런 현상은 모두 생각에 몸이 동일시된 것이네. 자네 어깨는 평소에도 그렇게 딱딱하게 굳어 있나?"

"평소에는 사실 잘 모르고 지내죠. 조금 전만 해도 선생님께서 말씀하시기 전까지는 제 어깨가 굳어 있는 줄도 몰랐어요."

"그럼 굳은 어깨가 풀어지는 순간을 경험한 적은 있나?"

"목욕탕에 가서 온탕에 몸을 담그면 어깨가 그간 얼마나 뭉쳐 있었는지 단박에 알 수 있어요. 굳은 근육이 말랑말랑하게 슬슬 풀어지는 걸 느낄 수 있거든요."

뜨끈한 온탕에 몸을 담그고 있다는 생각을 하니 금세 온몸이 따끈해지는 기분이었다. 실제로 어깨가 풀린 것처럼 노곤한 느낌도 들어서 기분이 좋아졌다.

"생각 때문에 몸이 긴장되었으니 생각을 내려놓으면 몸의 긴장도 풀어지지 않겠나? 평소에는 단단하게 굳어 있던 어깨가 온탕에 몸을 담그는 순간 슬그머니 풀어지는 것처럼 말일세."

"생각이 눈에 보이지 않으니 어떻게 내려놓는지 도무지 모르겠어요. 탁구공처럼 실체가 있는 것도 아니고……"

"생각이 눈에 보이지 않는다고 생각하나? 정말로 실체가 없다고 생각하나?"

무슨 뜻인지 알아들을 수 없어 나는 눈을 끔뻑였다.

"바로 자네의 몸 말이네."

"몸이요?"

"생각 때문에 몸의 느낌이, 그러니까 긴장이 유발된다는 것에는 자네도 동의했지. 그렇다면 몸은 무엇이겠나? 한 사람이 가진 생각의 집합체 아니겠나? 눈에 보이는 생각의 덩어리 말일세."

"생각의 덩어리가 제 몸이라고요?"

"자네의 굳은 어깨는 곧 자네의 경직된 마음에 다름 아닐세."

굳은 양쪽 어깨를 번갈아가며 손으로 꾹꾹 눌러보았다. 누를 때마다 묵직한 통증이 느껴졌다.

영감님이 물었다.

"그렇다면 반대로 한번 생각해 볼까?"

"반대로요?"

"근육의 긴장이 풀리면 자연히 생각의 긴장도 내려놓을 수 있지 않겠나?"

몸의 긴장이 풀리면 생각의 긴장이 풀린다고? 머릿속이 복잡할 때는 밖으로 나가 무작정 걷곤 했는데, 그러고 나면 굳어 있던 몸이 슬그머니 풀리고 한결 개운해지는 걸 느낄 수 있었다. 온갖 생각의 실타래로 뒤엉켜 있던 머릿속도 더불어 차분해지곤 했다. 몸의 긴장을 풀면 생각의 긴장이 풀린다는 말이 터무니없는 말은 아닌 것 같았다.

"눈에 보이지 않는 생각을 내려놓는 게 어렵다면, 몸의 근육을 푸는 걸로 대신할 수도 있다는 말씀인가요?"

"정확하네. 몸의 긴장을 푸는 것, 이것이 삶을 살아가는 데 필요한 유일한 공식이지. 스스로 몸의 긴장을 알아차리고 내려놓는 기술을 터득할 수만 있다면, 세상 사는 데 걸릴 게 아무것도 없다 해도 과언이 아니네."

"세상 사는 데 걸릴 것이 아무것도 없다고요? 너무 과장된 말씀 아닙니까?"

나는 그러면서도 영감님이 보란 듯이 기지개를 켜고 목을 돌렸다. 이렇게 하면 된단 말이지?

"생각해 보게. 인간은 살면서 무언가를 끊임없이 원할 수밖에 없네. 아까 원하는 것을 얻지 못하는 이유가 뭐라고 했나?"

"원하는 것을 둘러싼 생각과 느낌, 즉 긴장이라고 하셨죠. 그 생각과 느낌을 내려놓으면 된다고요."

"잘 기억하고 있군. 좋네, 다시 한 번 말하지만 자네가 하는 '모든 생각과 느낌의 집합체'가 바로 몸일세. 그렇다면 몸의 긴장을 풀면 자네의 생각과 느낌도 풀리지 않겠나? 긴장 없이 아주 편안하게 원하는 것을 향해 나아갈 수 있단 말일세. 걸림돌을 치우면서 소원을 향해 한 발 한 발 겨우 걸어 나가는 것과, 편안하게 이완된 몸으로 가볍게 달려 나가는 것, 어느 쪽이 원하는 데까지 더 빨리 갈 수 있겠나?"

"당연히 가벼운 몸으로 달리는 게……"

영감님이 잠시 뜸을 들였다.

"힘들이지 않고 원하는 것을 얻는 기술이야말로 삶을 살아가는 데 꼭 필요한 기술 아니겠나?"

그동안 삶이란 원하는 것을 얻기 위해 아등바등 노력하고 누군가와 끊임없이 경쟁하는 과정이라고 생각해 왔다. 힘들이지 않고 원하는 것을 얻는 기술, 이 기술을 몰라서 지금까지 이토록 힘들게 살아온 걸까?

검지의 마법

"그렇다면 어떻게 몸의 긴장을 풀면 될까요? 마사지? 목욕? 운동?"

영감님의 대답을 기다리면서 팔을 크게 돌렸다. 어깨 통증이 쉬이 풀리지 않는다.

"물론 그런 물리적인 방법들이 효과가 없는 것은 아니네. 마사지, 아로마 요법, 싱잉볼 등 몸의 긴장을 푸는 방법들은 수없이 많지. 그렇지만 일시적이고 제한적이라는 특성이 있네. 마음이 불편할 때마다 목욕탕으로 뛰어갈 수는 없지 않은가?"

흥분했던 내 마음이 금세 가라앉았다. 계속해서 빙빙 돌리고 있던 팔에도 힘이 빠졌다.

"에이, 그러면 뭘 어떻게 하라는 말씀이세요?"

"자네처럼 나도 무척 흥분했었네. 원하는 것과 생각, 그리고 생각과 몸의 관계를 알게 되자 비로소 모든 퍼즐이 맞춰지는 것처럼 짜릿한 느낌이었지. 그렇지만 과연 몸의 긴장을 어떻게 풀 것인가 하는 숙제가 남더군. 목욕탕에 스물네 시간 앉아 있을 수도 없고 말이야."

"아…… 절망적인데요. 마치 백두산 정상까지 올라왔는데 구름에 가려 천지를 못 본 채 내려가야 하는 기분입니다."

영감님이 빙긋 웃었다.

"자네는 이미 경험했네."

"무엇을요?"

"몸의 긴장을 내려놓는 방법 말일세."

"제가요? 언제요?"

영감님이 양 검지를 내 눈앞에 갖다 대었다.

"깨어…… 있으세요……?"

"처음 자네가 나를 만났을 때 내가 이 검지에 대해서 한 말을 기억하고 있나?"

"네, 생각과 느낌을 내려놓으라는 뜻이라고 하셨죠. 아! 이제 왜 생각과 느낌을 내려놓으라고 하셨는지 알 것 같아요! 하지만 양 검지를 동시에 바라보는 것이 생각과 느낌을 내려놓는 것과 무슨 상관이 있는지는 잘 모르겠어요."

"양 검지를 동시에 보라는 것은 오감을 동시에 열라는 뜻일세. 모든 생각과 느낌을 내려놓아야 비로소 가능한 일이지. 자네도 경험해 봐서 알겠지만, 양 검지를 동시에 보기란 결코 쉬운 게 아니네. 불가능에 가까울 정도로 어려운 일이기도 하지. '깨어나세요'라는 말을 듣고 자네를 비롯한 여러 사람들은 모두 시선을 들어 양 검지를 바라본다네. 그렇지만 그중에 정말로 양 검지를 바라보는 사람이 과연 몇이나 될까? 단 한 명이라도 있을까?"

나는 말없이 나의 양 검지를 들었다. 동시에 보는 것이 불가능하다고? 영감님이 계속 말을 이었다.

"눈으로 양 검지를 동시에 보게. 보는 동시에 지금 들리는 소리를 듣고, 호흡하는 몸의 감각을 느끼게. 심장의 박동이 느껴지는가? 지금 딛고 서 있는 바닥과 맞닿은 발의 감촉은 어떤가? 이 모든 감각을 열게."

"선생님! 이상한 점이 있습니다. 양 검지를 바라보는 것도 하나의 느낌, 감각이 아닌가요? 생각과 느낌을 내려놓으라고 하셨으면서 왜 몸의 모든 느낌에 집중하라고 하시는 거죠?"

영감님이 빙긋이 미소 지었다.

"오랜만에 똑똑한 젊은이가 다시 등장했구먼, 허허."

"생각해 보세요. 느낌을 내려놓으라고 하면서 선생님이 제안한 방법이 또 다른 느낌에 집중하라는 것이니…… 좀 이상하잖아요?"

나는 고개를 갸웃했다.

"생각과 느낌을 내려놓으라는 말은, 지금 가지고 있는 생각과 느낌을 분산하라는 말이네."

"음…… '계란을 한 바구니에 담지 말라'는 말처럼요?"

"옳지. 그 말이 어떤 의미인지 알고 있나?"

"그럼요. 주식 투자에서 한 종목에만 투자할 경우 위험도가 높으니 여러 종목에 분산 투자하라는 의미잖아요."

아는 개념이 나오니 잠시 어깨가 으쓱해졌다.

"그렇구먼. 한 종목에만 투자할 경우에 왜 위험도가 높아지는가?"

"그거야 급변하는 시장 상황 때문이죠. 시장 상황이 어떻게 될지 한치 앞도 알 수가 없는데 한 종목에만 투자하면 파산할 가능성이 엄청 커지잖아요? 그 대신 여러 종목에 분산 투자하면 위험을 낮출 수 있고요."

영감님이 다시 빙긋 웃었다.

"시장 상황은 결국 이 세상 아니겠나? 세상은 늘 급변하고 있고, 우리는 한치 앞도 알 수 없지. 단 1분 뒤에 어떤 일이 일어날지도 모르고 말이야."

"그렇다면 한 가지 생각과 느낌을 꼭 쥐고 있는 것은 한 종목에만 투자하는 것에 비유할 수 있겠군요."

영감님이 무릎을 탁 쳤다.

"그렇지! 한 가지 생각과 느낌을 쥐고 있는 것이 왜 위험한 줄 아는가? 세상 전체의 흐름을 보지 못하고 그저 자기가 쥔 생각과 느낌이 전부인 줄 아는 거지. 자네 말대로 파산 가능성이 매우 커지는 걸세. 파산도 보통 파산이겠나? 인생 파산이네."

"인생 파산이요? 에이~ 너무 멀리 가신 것 같은데요. 생각과 느낌 때문에 인생 파산씩이나……"

"허허, 과장 같은가? 예를 들어보겠네. 늘 열등감에 시달리는 어떤 젊은이가 있다고 하세. 본인은 늘 남보다 못하다는 생각과 느낌을 꼭 쥐고 있네. 처음엔 그 생각과 느낌이 인생에 별 영향을 미치지 않는 것처럼 보이네. 단단해 보이는 탑에 그저 벽돌 하나 빠진 것처럼 말일세. 그러나 그 생각과 느낌이 젊은이의 인생을 서서히 무너뜨리지. 학교를 다닐 때도 마음속으로는 늘 친구들과 비교하며 괴로워하고, 직장을 가서도 본인이 남들보다 못하다는 생각에 주눅이 들어 있네. 연애도, 결혼도, 남은 인생도 끊임없이 남과 비교하고 괴로워하겠지. 단 한 순간도 행복할 수 없는 삶, 그게 인생 파산이 아니고 뭔가? 젊은이가 열등감 말고 다른 생각과 느낌을 가질 수 있었다면 어땠을까? 젊은이가 '왜 이렇게 내가 열등감에 시달리지?' 하는 의문이라도 가져볼 수 있지 않을까? 이 의문이 바로 모든 문제 해결의 시작일세."

"그 의문에 스스로 계속 답을 구하다 보면, 본인이 쥐고 있던 열등감 자체가 허상일지 모른다는 의심도 할 수 있겠군요."

"그렇네. '깨어 있으라'는 말은 결국 현재 꽉 쥐고 있는 생각과 느낌을 분산 투자하라는 말이네. 우리의 몸에는 오감을 느낄 수 있는 바구니가 있지 않나? 다른 생각과 느낌이 들어올 자리를 만들어주는 걸세."

"다른 생각과 느낌이 들어올 자리라……"

집중하면서 집중하지 않기

"이 동영상을 한번 보게."

동영상을 클릭하자 "흰 옷을 입은 사람들이 공을 몇 번 패스하는지 세어보세요"라는 안내 문구가 나왔다. 뒤이어 흰 옷을 입은 세 사람과 검은 옷을 입은 세 사람이 등장해 농구공 두 개를 쉴 새 없이 주고받기 시작했다. 사람들이 여기저기로 움직이는 데다 공을 위아래로 주고받기 때문에 집중하지 않으면 공을 몇 번 주고받는지 놓치기 십상이었다. 영상의 길이는 단 30초. 나는 흰 옷 입은 사람들의 손끝에 온 신경을 집중했다. 무척 짧은 시간이지만 바짝 집중했더니 눈이 금세 뻑뻑해졌다.(독자 여러분도 유튜브에서 '보이지 않는 고릴라'를 검색해서 흰 옷 입은 사람들이 공을 몇 번 패스하는지 세어보기 바란다.)

영감님이 물었다.

"알아냈는가?"

"음, 열일곱 번?"

"틀렸네."

"그럼 열여섯 번입니다! 좀 헷갈렸거든요."

"맞췄네. 그런데 혹시 다른 걸 본 게 있나?"

"다른 거요? 공을 주고받는 거 말고 또 뭐가 있었나요?"

"흰 옷을 입은 사람들이 공을 주고받은 횟수는 열여섯 번이 맞네. 그렇지만 자네는 나머지를 놓쳤지."

"나머지라뇨?"

"자, 동영상을 다시 한 번 보게. 눈 크게 뜨고 잘 보게나."

영감님의 말을 듣고 다시 영상을 클릭했다. 영상이 시작된 지 20초쯤 지났을까, 웬 고릴라 한 마리가 화면 구석에서 성큼성큼 걸어 나왔다.

"어? 고릴라가 있어요!"

나도 모르게 크게 소리를 질렀다.

"이제야 보았군."

영감님이 허허 웃으며 수염을 매만졌다.

"이 고릴라가 아까도 있었나요?"

영상에 속임수가 있는 게 아닐까? 좀 전에 본 영상과 같은 영상이라는 걸 믿을 수 없었다.

"물론 같은 동영상이네."

고릴라를 발견한 흥분도 잠시, 나는 다시 소리를 질렀다.

"선생님! 뒤의 배경색이 바뀌었어요! 왜 아까는 못 봤을까요?"

"아직 끝이 아닐세."

새로운 발견에 대한 흥분도 잠시, 영감님의 말을 듣고 동영상을 다시 두어 차례 더 돌려본 뒤에야 또 다른 발견을 할 수 있었다. 정말 이상했다. 분명 같은 동영상인데도 볼 때마다 새로운 정보들이 쏟아져 나왔다.

"정말 이상하네요. 저는 분명히 '집중'하고 있었는데 놓친 게 이렇게나 많다니."

"이 동영상은 〈보이지 않는 고릴라〉라는 유명한 영상이네. 심리학자 크리스토퍼 차브리스와 대니얼 사이먼즈가 제작한 실험용 영상이지. 인간의 '무주의맹시無注意盲視'에 관해 잘 보여주지."

"무주의맹시요?"

"사람들은 특정 사물의 모습이나 움직임에 집중하고 있을 때, '예상치 못한' 다른 사물이 나타나면 이를 알아차리지 못하는 경향이 있네. 예상치 못한 사물이 금방 눈에 띌 정도로 두드러지고, 심지어 우리가 시선을 두고 있는 자리에 나타날 때도 그렇다네. 자네가 고릴라를 보지 못했던 것처럼 말이지."

"선생님이 말씀하신 '생각과 느낌을 내려놓으라'는 말은, 그러니까 선택적으로 주의를 집중하지 말고 전체를 다 조망하라는 말씀이군요. 흰 옷 입은 사람들이 공을 주고받은 횟수도 파악하면서, 지나가는 고릴라도 보고, 바뀌는 배경의 색깔도 보고, 또……"

"정확하네. 그게 바로 내가 말하는 깨어 있음일세. 생각과 느낌을 내려놓은, 다시 말해 생각과 느낌을 분산시킨 궁극의 상태이지."

"그렇지만 그건 그냥…… 주의력 산만 같은데요."

"주의력 산만이란 다른 것에 정신이 팔려 지금 하는 것을 놓쳐버리는 걸 말하지. 내가 말하는 것은 주의력의 '분산'이라네. 깨어 있음은 지금 눈앞의 것에 주의를 기울이는 동시에 다른 모든 것에도 주의를 기울이는 상태이지. 고릴라가 보인다는 것은 곧 깨어 있다는 뜻이라네."

"그게 과연 가능할까요? 집중하면서 집중하지 말라는 뜻으로 들리는데요."

"허허, 이상하게 들리겠지만 바로 그걸세. 정확하네."

"그런데 의문이 있습니다."

"말해보게."

"열등감과 같은 부정적인 생각과 느낌은 당연히 분산 투자가 도움이 될 것 같습니다. 가지고 있으면 힘들고 괴로우니까요. 그런데 행복감, 기쁨 같은 긍정적인 느낌도 분산해야 하나요?"

영감님은 말없이 수염을 매만지더니, 갑자기 일어나 구석의 냉장고로 향했다. 돌아온 영감님의 손에는 얼음을 가득 채운 물 한 바가지가 들려 있었다. 보기만 해도 이가 시렸다.

"자네 손을 여기에 담그게. 엄살 부리지 말고 푹 담가."

"갑자기 얼음물에 손을요?"

망설이다가 눈을 질끈 감고 차가운 물에 손을 담갔다. 금세 손등이 벌겋게 변했다.

"자, 손에 통증이 느껴지는가?"

"이거 보세요, 벌겋게 부어올랐잖아요."

"좋네. 그렇다면 손바닥에만 통증을 느끼고 손등에는 통증을 느끼지 말아보게."

"네? 손등이랑 손바닥이 분리되어 있는 게 아닌데 어떻게 통증을 따로 분리합니까?"

"자네가 부정적인 느낌은 분산하고 긍정적인 느낌은 분산할 필요가 없을 것 같다고 하지 않았나?"

"네, 그랬죠."

"무엇이 부정적이고 무엇이 부정적이지 않은 것인가?"

"그거야……"

"자네는 부정적인 생각이 들면 분산하고, 그렇지 않은 생각이 들면 그냥 둘 여유가 있는가? 그런 기술이 있다면 나에게 좀 알려주게."

영감님이 말을 이었다.

"손등의 통증과 손바닥의 통증을 분리할 수 없듯이, 생각도 그러하네. 부정적 생각과 긍정적 생각이 따로 있는 게 아니라 다 한 가지 생각일세. 좋고 나쁨은 서로 동떨어진 것이 아니란 말이네. 어떤 사람은 발에 물이 닿는 것을 무척 싫어하지. 반면에 좋아하는 사람도 있어. 과연 무엇이 좋고 무엇이 나쁜가? 무엇이 손등의 통증이고, 무엇이 손바닥의 통증인가?"

얼음물에서 손을 빼냈다. 단 몇 분이었지만 너무 차가워 아무 감각이 느껴지지 않았다. 벌겋게 부어오른 내 손을 내려다보았다.

집으로 돌아오는 버스 안, 손등과 손바닥을 번갈아 뒤집어보았다. 괜히 손등과 손바닥을 몇 차례 꼬집어보기도 했다. 영감님의 말씀이 도통 이해가 되지 않았다. 집중을 하라는 건지 말라는 건지…… 하나에 집중하면 나머지 것들을 다 잊게 되는데, 하나에 집중하면서 어떻게 나머지 것에도 집중을 하라는 거야? 그럼 결국 집중을 못하게 되는데…… 에라, 모르겠다. 핸드폰으로 검색해 보니 영상을 본 사람들 중에 고릴라를 못 보는 사람이 절반이란다. 좀 놓치고 살면 어때, 뭐. 그깟 고릴라가 대수라고.

취업 준비 끝나면 꼴도 보기 싫을 것 같던 컵라면이 또 당겨 집으로 들어가는 길에 마트에 들렀다. 대부분의 끼니를 컵라면으로 때우느라 하루에 한 번은 방문해 온 단골 마트이다. 제법 규모가 크지만, 몇 년을 뻔질나게 드나들어서 눈을 감고도 어디에 뭐가 있는지 훤히 꿰뚫고 있었다. 들어서면서 아주머니와 눈인사를 했다. 가끔 아주머니가 "학생이 이렇게 컵라면만 먹으면 몸 상해" 하시며 삶은 계란 하나를 서비스로 넣어주시기도 했다.

입구에서 좌회전한 뒤 두 번째 통로에서 오른쪽이 바로 컵라면 코너였다. 컵라면 종류가 정말이지 많기도 하다. 미역국, 부대찌개는 물론 오모리 참치찌개, 파스타까지 죄다 컵라면으로 나와 있다. 해장 전용 라면도 따로 나와 있으니 나중에는 모든 음식 메뉴를 컵라면으로 먹을 수 있지 않을까? 쌀밥 맛 컵라면을 생각하며 혼자 실없이 웃다가 습관처럼 늘 먹던 신라면 블랙을 집어 들었다.

음, 이제 취업 준비도 끝났겠다 오늘은 좀 호화롭게 먹어볼까? 컵라면 하나를 옆구리에 끼고 매장을 천천히 돌았다. 없나? 아무리 찾아도 만두가 안 보인다. 매장 전체를 세 번이나 돌았는데도 없다. 계산대로 가서 아주머니께 컵라면을 내밀며 물었다.

"아주머니, 만두 없어요? 오늘따라 라면에 만두가 땡기는데 아쉽네~"

뭔 만두 옆구리 터지는 소리냐는 듯 아주머니가 내 얼굴을 한 번 보고 눈짓으로 왼쪽을 가리켰다. 아주머니의 시선을 따라가니 만두가 가득 들어찬 커다란 냉장고가 눈에 들어왔다.

"어? 만두가 언제부터 여기 있었어요? 새로 들어왔어요?"

"무슨 소리여? 매장 생길 때부터 여기 있었잖여! 만날 오면서 입구에 있는 만두를 못 봤다고? 눈뜬장님이 따로 없네."

작은 냉장고도 아니고 무려 3단짜리 커다란 냉장고였다. 외계 생물을 만난 듯 얼빠진 표정으로 냉장고를 물끄러미 바라보는데, 냉장고가 꿈틀꿈틀 움직이더니 형태를 바꿨다. 영상에서 봤던 그 고릴라였다. 고릴라가 나를 보고 씩 웃었다. 다시 눈을 비볐다. 층층마다 만두를 가득 품은 냉장고가 조용히 '웅~' 하는 소리를 냈다.

살면서 놓친 게 만두뿐이겠나?

화분에 물을 주는 영감님 등에 대고, 만두 냉장고를 못 본 것에 대한 열변을 막 토해낸 참이었다. 이야기를 다 들은 영감님이 웃으며 입을 열었다.

"허허…… 자네가 살면서 놓친 게 만두뿐이겠나?"

"아……."

무어라 변명하고 싶지만 변명의 여지가 없었다. 처음에는 마트 아주머니가 나한테 장난을 치는 걸지도 모른다고 생각했다. 입구 한편에 떡하니 놓인 냉장고를 내가 못 봤을 리가 없지 않은가. 그렇지만 몇 년을 뻔질나게 드나들면서도 못 본 거라면…… 나는 살면서 얼마나 많은 것들을 놓치고 살았던 걸까 싶어 살짝 두려운 마음마저 들었다.

드디어 물주기를 마친 영감님이 내 쪽으로 몸을 돌렸다.

"눈앞의 만두를 놓치고 보니 뭔가 좀 깨달은 게 있는가?"

"사실 고릴라를 놓쳤을 때는 저랑 별 관계없는 이야기라고 생각했어요. 뭐, 실험 참가자의 절반이 못 본다면서요. 99퍼센트가 보는데 나만 못 본다면 경각심을 갖겠지만, 절반이나 못 본다니 솔직히 안심했습니다. 고릴라를 못 봐도 사는 데 아무 지장이 없다고 생각했거든요. 그런데 눈앞에 떡하니 있는 만두를 못 봤다는 걸 알게 되니 좀 두려운 마음이 들더라고요."

"무엇이 두려웠나?"

"제가 여태 살면서 뭘 놓쳤는지 모르니까요…… 어쩌면 내 인생에 다시없을 중요한 기회나 사람, 이런 걸 놓치고 살아왔을지도 모른다는 생각이 들었어요. 앞으로도 이렇게 살까봐 두렵기도 하고요."

"대부분의 사람들이 자신이 무엇을 보는지 혹은 보지 못하는지 모른 채 살고 있다네. 수없이 놓치고 있으면서, 놓치고 산다는 것조차 모른다는 게 가장 큰 문제 아니겠나?"

"그럼 어떻게 해야 할까요, 선생님?"

절망감이 들었다.

"눈앞의 만두부터 보게. 만두도 못 보는데 인생의 기회를 어떻게 보겠는가? 오늘 점심은 만두로 하지, 허허."

"취직 기념으로 제가 사겠습니다!"

영감님과 근처의 유명하다는 만두집으로 자리를 옮겼다. 규모는 작았지만 공간을 메운 만두 냄새는 기가 막혔다. 식사 시간을 좀 넘겼는데도 자리가 대부분 차 있었다. 곧 김이 모락모락 나는 먹음직스런 만두 두 접시가 테이블에 놓였다.

"왜 선생님이 저를 본 첫날부터 '깨어나세요'라고 말씀하셨는지도 이제 좀 알겠고, 어떻게 깨어날 수 있는지도 알려주셨어요. 그런데 왜 많은 사람들이 '깨어나지' 못하고 생각과 느낌에 빠져 괴로워할까요?"

"내가 자네에게 '깨어나세요'라고 말했을 때 자네는 곧바로 그 생각과 느낌이 떨쳐지던가?"

나는 가만히 고개를 저었다. 분명히 슬프고 무기력한 상태였지만 줄곧 그 생각과 느낌 속에 머무르고 싶었다. 결코 벗어날 수 없다고 느꼈다.

"자기의 생각과 느낌을 바로 내려놓을 수 있다면 정말 좋겠지. 그렇지만 대부분의 경우 사람들은 자신의 생각과 느낌에 동일시되어 있네. 생각과 느낌이 곧 자기 자신이 된 상태이지. 생각과 느낌을 꽉 쥐고 있지만, 생각과 느낌이 있는지 없는지도 모르는 경우가 태반이라네."

"꽉 쥐고 있는데 어떻게 모를 수 있죠? 분명히 힘들 텐데요."

영감님이 젓가락으로 만두를 가리켰다.

"자네, 지금 이 만두를 보니 무슨 생각이 드나?"

"얼른 먹고 싶다는 생각이요."

"배고픔을 내려놓을 수 있겠나?"

"배고픔을 내려놓으라고요? 배고픔은 생존 본능 아닌가요?"

"또 이야기를 꺼내서 미안하지만…… 자네가 연인과 헤어졌을 때 입맛이 있던가?"

"흑, 다른 예를 들어주시면 안 될까요? 그땐 별로 입맛이 없어서 며칠을 굶었습니다."

"배고픔이 생존 본능이라면 그때는 왜 작동을 안 했을까?"

"아…… 그렇다면 배고픔도 느낌이나 생각이라는 말씀이세요?"

"절대적인 배고픔이야 당연히 있네. 사람의 몸은 영양소를 필요로 하니까. 그러나 절대적인 배고픔의 강도를 2라고 할 경우 사람들은 2를 느끼는 것이 아니라 상황이나 감정에 따라 8, 9, 10, 이렇게 과장된 배고픔을 느낀다는 말이네."

영감님은 만두 하나를 집어 내 앞의 접시에 놓았다. 아직도 김이 모락모락 났다. 배에서 꼬르륵 소리가 났다.

"자네가 과장된 배고픔을 알아차렸다고 치세. 생각과 느낌의 동일시에서 벗어나 본인의 생각과 느낌을 비로소 인지한 것이지. 이렇게 인지하기도 쉽지 않네만, 인지한다고 해도 내려놓기가 무척 힘드네. 자네가 경험한 것처럼 말일세. 자, 이건 합격 선물이네."

영감님이 작은 상자를 내밀었다. 마우스였다.

"일 열심히 하라고 마우스를 주시는 거군요. 하하하."

"회사 일이 많이 힘들 걸세. 그렇지만 이 마우스를 쓸 때마다 힘을 내려놓아야 한다는 걸 기억하게. 이 마우스가 많은 도움을 줄 걸세."

그냥 평범한 마우스 같은데…… 주머니에 마우스를 집어넣었다.

할 수 있는 것과 할 수 없는 것

"선생님! 그렇다면 깨어나기만 하면 무슨 일이나 다 이룰 수 있을까요?"

"자네는 깨어 있음이 뭐라고 생각하나?"

"생각과 긴장을 내려놓는 것이요!"

"생각과 긴장을 왜 내려놓아야 하나?"

"당연히 소원을 이루기 위해서죠! 소원을 둘러싼 긴장이 있으면 소원이 이루어지지 않는다고 하셨잖아요."

나는 탁구공을 쥐었을 때처럼 빈손을 쫙 폈다가 오므려 보였다.

영감님은 수염을 매만졌다. 뭔가 내게 중요한 메시지를 전달하려고 할 때마다 하는 행동이다.

"소원에는 두 가지 종류가 있네."

"두 가지요? 간절함의 정도에 따라서 나뉘는 건가요? 하나는 진~짜 이루어지길 원하는 것이고, 다른 하나는 그다지 절실하지 않은 것? 음…… 아니면 착한 소원과 나쁜 소원?"

"허허, 자네 '평온을 비는 기도'라고 들어본 적 있는가? 대략 이런 내용이지. 우리가 할 수 없는 것은 평온하게 받아들이고, 할 수 있는 일은 최선을 다해 할 수 있는 용기, 그리고 이 둘을 분별하는 지혜를 허락해 달라는."

"평온을 비는 기도요? 그냥 마음을 평화롭게 하려는 기도 같은데요."

"몸과 마음이 평화로운 것, 그게 바로 깨어 있음이 궁극적으로 추구하는 바라네."

"에이~ 그건 좀 시시한데요? 전 지금 평화로운데, 그럼 제가 지금 깨어 있는 건가요?"

내가 말을 마치자마자 영감님이 주머니에서 무언가를 꺼내 재빨리 내 손에 쥐어주었다. 뭐지? 손바닥을 들여다보니 커다란 왕 바퀴벌레였다.

"으아아아! 선생님, 저한테 왜 이러세요?"

깜짝 놀라 바퀴벌레를 땅바닥에 힘껏 내동댕이쳤다. 충격으로 죽었는지 벌레는 미동도 없이 가만히 있었다.

"지금 자네 마음이 어떤가? 여전히 평화로운가?"

"지금 이 상황에서 어떻게 마음이 평화롭습니까?"

놀란 가슴이 진정이 되질 않아 계속 쿵쿵 뛰었다.

"아까 내가 했던 말에 덧붙일 말이 있네. '어떤 상황이든' 몸과 마음이 평화로운 것, 그것이 깨어 있음이 추구하는 바일세."

"이렇게 급작스런 상황에서도요? 제가 벌레 공포증이 있거든요."

"급작스럽다니? 난 그저 자네 손에 가짜 바퀴벌레 한 마리를 쥐어준 것뿐인데? 허허허."

영감님이 장난스럽게 웃으며 말을 이었다.

"자네가 깨어 있었다면 가짜 벌레인 줄 금세 알아차렸을 걸세. 한 발 더 나아가 자네가 생각과 느낌을 내려놓고 완전히 깨어 있을 수 있었다면, 진짜 벌레라도 별 문제가 되지 않았겠지. 공포증 역시 과거의 경험이 만들어낸 생각과 느낌일 뿐이니까."

아직까지 쿵쿵거리는 심장 박동이 느껴졌다. 머리로는 가짜임을 인지했지만, 몸에는 여전히 놀랐을 때의 느낌이 남아 있는 것 같았다. 나는 왜 그렇게 쉽게 생각과 느낌에 사로잡힌 걸까?

"자네 말대로 그 기도문은 평온을 비는 기도네. 몸과 마음이 평화롭다는 것은 '어떤 상황에서도' 생각과 느낌에 사로잡히지 않는 상태, 즉 깨어 있는 상태에 있다는 것이지. 동의하는가?"

"네, 맞습니다."

"그렇다면 그 기도는 깨어 있음을 위한 기도라고도 할 수 있겠지."

"그게 깨어 있음을 위한 기도라고요? 할 수 있는 건 최선을 다해 하고, 할 수 없는 건 받아들이고, 그 둘을 구분하는 지혜를 달라, 그게 전부였잖아요. 별게 없어 보이는데……"

"깨어 있음이란 이게 전부일세. 삶의 모든 고통은 할 수 있는 일과 할 수 없는 일, 이 둘을 구분 못하는 데서 온다네."

할 수 있는 일과 할 수 없는 일이라……

"선생님! 할 수 있는 일과 할 수 없는 일을 구분하는 게 그렇게 힘든가요?"

"아무렴. 지혜가 필요한 일이지. 자네가 생각하기에 할 수 있는 일과 할 수 없는 일이란 뭔가?"

"음, 제 힘으로 해결이 가능하면 할 수 있는 일이고, 제 힘으로 해결이 불가능하면 할 수 없는 일이라고 생각합니다."

"좋은 대답일세. '할 수 없는 일'과 '할 수 있는 일'에 대해 일러주겠네. 세상일에는 크게 세 가지가 있네. 첫째, 내가 할 수 있는 일. 둘째, 남이 할 수 있는 일. 셋째, 과거 혹은 미래의 일일세.

이 중에서 내가 할 수 없는 일은 무엇인가?"

"당연히 둘째와 셋째 아닌가요? 남이 할 수 있는 일, 그리고 이미 지나가 버린 일이나 아직 오지 않은 일이요. 너무 쉬운데요?"

"너무 쉬운가? 세상의 수많은 사람들은 '할 수 없는 일'을 '할 수 있는 일'로 착각해서 고통받고 있네. 자네도 예외가 아니지."

"제가요? 그럴 리가요. 이렇게 간단한데요."

"자네가 눈앞의 만두 냉장고를 보지 못한 것과 같은 원리일세. 자기의 생각과 느낌에 사로잡혀 있기 때문이지. 최근 자네의 마음을 힘들게 했던 일을 한번 떠올려보게나."

곰곰이 생각해 보았다. 얼마 전 공공제약에 합격했다고 내게 전화를 걸어온 친구 녀석이 떠올랐다. 순간 마음이 다시 부글부글 끓어올랐다.

"아! 생각났습니다! 면접 스터디를 함께 준비한 친구가 있었는데요, 같은 곳을 지원했다가 저는 떨어지고 친구는 붙었거든요. 걔가 합격 턱 내겠다고 저한테 전화를 했는데 열 받아서 죽을 뻔했죠. 아오~ 누구 약 올리는 것도 아니고."

"왜 열 받았나? 친구가 밥을 사준다는데."

"아, 그야 사람이 염치가 있으면 당연히 그런 전화는 하면 안 되는 거 아닌가요?"

나는 화가 나서 씩씩거렸다.

"삶의 고통은 할 수 있는 일과 할 수 없는 일을 구분하지 못하는 데서 온다고 했지. '합격한 친구가 탈락한 자네에게 전화를 건 일'은 어떤 일인 것 같은가?"

"아······."

내가 할 수 없는 일의 정의를 다시 되새겼다. 남이 할 수 있는 일, 이미 지나간 일.

"친구가 제게 전화를 건 것은 저의 일이 아니네요. 전화를 못 걸게 막을 수도 없고, 또 이미 지나가 버린 일이니까요."

"그런데 왜 자네는 아직도 화를 내고 있나?"

"모르겠습니다. 그 일만 생각하면 계속 화가 나네요."

"깨어 있게."

영감님이 나를 보며 미소를 지었다. 아······ 나도 모르게 또다시 생각과 느낌에 사로잡혀 버렸구나. 쉽지 않네. 과연 깨어 있는 게 가능한 걸까? 그때 영감님이 다시 내게 말했다.

"지금 그 생각도 내려놓게."

헉, 내 생각을 읽고 계시는 건가? 얼른 정신을 차렸다.

"사람들은 눈 깜짝할 사이에 생각과 느낌에 사로잡혀 버리네. 자네도 경험해서 알겠지?"

"네, 깨어 있어야 한다고 '생각'했지만, 저도 모르게 사로잡혀 버립니다. 아주 미치겠습니다."

"그래서 깨어 있음이 힘들다고 하는 것일세. 할 수 있는 일과 할 수 없는 일을 구분할 수 있는 지혜는 바로 깨어 있음에 다름 아닐세. 생각과 느낌을 즉시 알아차리고 휘둘리지 않는다면, 할 수 있는 일과 할 수 없는 일을 정확하게 판단할 수 있겠지. 그리고 이렇게 깨어 있을 때 몸과 마음이 평화로운 것은 당연한 것이고."

"선생님, 그런데 할 수 있는 일과 할 수 없는 일이 소원과는 무슨 상관인 거죠?"

"아까 소원에는 두 가지 종류가 있다고 했던 것 기억하는가?"

"네, 무엇인지는 아직 이야기해 주지 않으셨죠."

"그 두 가지는 바로 '할 수 있는 일'을 소원하는 것과 '할 수 없는 일'을 소원하는 것이네."

얼핏 이해가 잘 되지 않았다. 할 수 있는 일을 소원하는 것과 할 수 없는 일을 소원하는 것?

"바보같이 할 수 없는 일을 소원하는 사람도 있나요?"

의아한 내 표정을 보고 영감님이 다시 말을 이었다.

"세상의 수많은 사람이 '할 수 없는 일'과 '할 수 있는 일'을 구분하지 못한다고 말하지 않았나? 자신이 무엇을 소원하는지도 모른 채 그저 이루어지지 않아 괴로워한단 말이지. 자네가 만약

늙고 싶지 않다는 소원을 갖고 있다고 해보세. 이것은 둘 중 어떤 소원인가?"

"할 수 없는 일을 소원하는 것이죠. 사람은 누구나 늙으니까요."

"그렇다면 이 소원을 가진 자네의 마음은 어떻겠나?"

"하루하루 거울을 들여다볼 때마다 짜증이 나고 답답할 것 같은데요? 늙고 싶지 않지만 아무리 발버둥 쳐봤자 시간은 누구에게나 공평하게 흘러가니까요."

"그렇지. 할 수 없는 일을 소원하는 것은 고통을 주네."

"음, 그렇다면 고통스러운 일은 무조건 안 하면 되지 않나요? 할 수 있는 것과 할 수 없는 것의 구분이 힘들다면, 고통이 느껴지는 일은 바로 그만두면 되잖아요."

화살표의 끝

"고통이 느껴지면 무조건 그만둔다⋯⋯ 겉으로 보기에는 깔끔한 것 같지만 여기에는 큰 문제점이 있네."

"어떤 문제점이죠?"

"고통에는 두 가지 성질이 있네. 하나는 시간이 갈수록 점점 커지는 것이고, 다른 하나는 시간이 지날수록 점점 더 줄어드는 것이지."

"시간이 갈수록 점점 더 커지거나 줄어든다…… 왜 어떤 고통은 시간이 갈수록 커지고 어떤 것은 줄어드나요?"

"자네, 자전거를 탈 줄 아는가?"

"네, 다섯 살 때 할아버지가 가르쳐주셨어요."

"자전거를 처음 배울 때 어땠는지 한번 떠올려보게."

다섯 살 때 처음 자전거를 배우던 때를 떠올려보았다. 뒤에서 할아버지가 잡아주지 않으면 금세 넘어졌고, 혼자서 잘 달리다가도 뒤를 돌아봤을 때 할아버지가 없으면 두려움에 사로잡혀 곧바로 넘어졌다. 지금은 곧잘 자전거를 타지만, 어떻게 잘 타게 되었는지는 잘 기억나지 않았다. 영감님이 계속 말을 이었다.

"자전거를 처음 탈 때는 넘어질까봐 몹시 두려웠을 걸세. 두려움 역시 고통이지. 고통이 느껴진다고 그만뒀다면 자네는 영원히 자전거를 탈 수 없었을 테지."

"네, 맞습니다."

"지금도 자전거를 탈 때 두려운가?"

"아뇨, 전혀요. 자전거를 타면 하늘을 나는 듯 상쾌하고 편안하죠. 그땐 자전거를 안 배우겠다고 투정을 부렸는데 지금은 할아버지께 감사한 마음이 들어요."

"두려움이 점점 줄어들다가 사라져버렸구먼."

"그렇다면 이 고통은 시간이 지날수록 점점 더 줄어드는 고통이네요. 나에게 이득이 되는 고통은 시간이 지날수록 줄어든다? 흠…… 잘 모르겠네요."

"그것은 고통이 향하는 방향 때문일세."

"방향?"

"고통은 왜 생긴다고 했지?"

"할 수 없는 것을 소원할 때요."

"할 수 없는 것을 왜 소원할까?"

"할 수 있는지 없는지를 몰라서요."

"왜 모르지?"

"깨어 있지 않아서 그렇다고 하셨어요."

"그렇지. 깨어 있지 않은 상태가 곧 고통일세. 그렇다면 고통의 반대편엔 무엇이 있겠나?"

"음…… 깨어 있는 상태? 평화?"

"깨어 있는 상태에서는 고통이 느껴질까?"

"아뇨, 고통이 없습니다."

"고통이 느껴질 땐 그 고통이 어디를 향하는지를 보게. 깨어 있음을 마주보고 한 걸음씩 다가가고 있다면, 시간이 지날수록 고통은 점차 줄어들겠지. 반대로 깨어 있음을 등지고 한 걸음씩 멀어지고 있다면, 시간이 지날수록 고통은 점점 커져 나중에는 걷잡을 수 없게 될 걸세."

"자전거를 타는 게 두려웠지만, 결국에는 두려움 없이 자전거를 잘 타게 된 것처럼요?"

"그렇지. 깨어 있음에 가까이 갈수록 고통은 줄어들 걸세."

"그렇지만…… 고통의 방향을 알 수 없을 때는 어떡하죠? 혹은 처음에는 깨어 있음의 방향이라고 생각했는데 시간이 지나고 보니 아닐 수도 있고요."

"자네가 그런 질문을 할 거라고 예상했지. 누구나 알기 쉬운 더 확실한 방법이 있네."

카르페 디엠, 현재를 즐기라는 말 아닌가?

"카르페 디엠carpe diem! 이 말이 무슨 뜻인 줄 아나?"

"에이 참, 제가 설마 그것도 모를까 봐요? '현재를 즐기라'는 말이잖아요."

"현재를 즐기라는 게 무슨 뜻인가?"

"많은 사람들이 미래의 불안이나 걱정 때문에 현재를 낭비하고 있으니, 일단 걱정일랑 내려놓고 현재를 즐기라는 말이죠. 뭐 그러고 보니 선생님께서 말씀하시는 '깨어 있음'과 비슷한 얘기네요!"

"오호, 그런가? 그렇다면 현재를 어떻게 즐기는가?"

"뭐…… 예를 들어서 다음 주에 시험이 있습니다. 그런데 지금 너무 여행을 가고 싶다, 그러면 지금의 그 마음을 따르라는 거죠. 미래의 시험 때문에 스트레스받지 말고요."

"그러면 시험은 어떻게 하나?"

"에이 참~ 그 순간에 시험을 생각하면 진정한 카르페 디엠이 아니죠. 사람들은 자꾸 아직 오지 않은 미래에 대해서 미리 고민하고 걱정하느라 현재를 망치잖아요. 카르페 디엠은 그러지 말고 현재 순간을 즐기라는 거죠."

"시험을 망치면 그땐 어떻게 하나?"

"그건……"

"시험을 망치면, 망친 시험 결과를 잊기 위해 영화도 보고 친구도 만나고 기분 전환에 집중할 텐가? 그러다 다음 시험을 또 망치고?"

나는 할 말이 없어서 괜히 머리를 긁적였다. 미래를 위한 대책과 카르페 디엠 정신을 어떻게 조화롭게 가져가야 하는지 그림이 잘 그려지지 않았다.

"미래는 어찌되든 나 몰라라 하는 것이 자네가 말하는 카르페 디엠인가? 난 생각이나 느낌이 올라오면 내려놓으라고 했지, 미래에 대한 준비를 하지 말라고는 한 적이 없네만……"

"그러면 현재를 어떻게 즐겨야 하죠?"

"자네는 현재를 왜 즐기려고 하나?"

"그야 오지도 않은 미래 때문에 현재를 망치고 싶지 않으니까요. 그동안 제가 얼마나 힘들었는지 아세요? 시험 준비, 대입 준비, 취직 준비, 준비, 준비, 준비…… 미래엔 무언가가 늘 절 기다리고 있어요. 저는 언제나 준비만 하죠. 취직하고 나면? 결혼 준비를 해야겠죠. 결혼을 하고 나면? 또 양육을 준비하고, 또 그 다음엔 노후 준비, 요즘엔 죽음까지 준비하는 시대잖아요. 숱하게 쏟아지는 TV 광고 좀 보세요. 남겨질 가족을 위한 보험까지 들라고 하잖아요…… 전 준비만 하다 죽고 싶진 않아요."

그동안 꾹꾹 눌러왔던 울분이 쉴 새 없이 다다다다 속사포처럼 쏟아져 나왔다.

"자네는 '오지도 않은 미래 때문에 현재를 망치고 싶지 않다'고 했지. 준비만 하다가 끝나버릴 것 같다고."

"네, 맞습니다. 한 순간이라도 편하게 즐기고 싶어요. 그래서 다들 카르페 디엠, 카르페 디엠 하는 것 아닐까요?"

"자네가 말하는 카르페 디엠은 한 순간 편하자고 나머지 모든 순간을 망쳐버리는 것일세. 게다가 즐기는 그 순간조차도 완벽하게 편안하진 않지. 마음속엔 미래에 대한 불안이 그대로 있을 테니까…… 애써 모르는 척하는 것뿐이잖나."

"사실은 그래서 짜증이 나요. 한 순간이라도 제대로 편하게 있고 싶은데, 실은 늘 불안한 상황이나 감정이 따라붙죠."

"오지도 않은 미래를 걱정하거나 불안해하느라 현재를 망치지 말라는 말은 맞네. 그러나 깨어 있음은 단 한 순간이 아닌 모든 순간에 편안한 것을 뜻하네. 게다가 자네가 말하는 카르페 디엠은 마치 로프를 착용하지 않고 번지 점프대에서 뛰어내리는 것과 같네. 로프를 착용하는 건 새처럼 날고 싶은 '현재'를 방해할 뿐이라고 하면서 말이지. 하지만 로프 없이 뛰어내린다면 죽을지 모른다는 두려움 때문에 단 한 순간도 즐기지 못할 걸세. 그렇다면 번지 점프를 하기 위해 로프를 매는 그 순간이 자네 말대로 아직 오지 않은 미래를 대비하느라 현재를 낭비하는 행동인가?"

"그럼 어떻게 해야 할까요?"

"생각과 느낌을 내려놓으면 되네. 그뿐이네. 진정으로 현재에 있는 사람은 시험 준비를 하면서 '미래를 위한 희생일 뿐이야'라고 생각하지 않네. 그저 해야 할 일을 할 뿐이지. 시험 준비 자체가 현재인 셈이지. 시험에 대한 불안감, 압박, 두려움…… 이러한 생각과 느낌을 내려놓는다면 그저 고요한 상태에서 시험 준비를 할 수 있을 걸세."

"시험 준비 자체를 즐길 수 있다는 말씀인가요?"

"누가 현재를 '즐길 수 있다'고 했는가? 자네는 숨을 쉴 때 즐겁게 쉬나? 잠을 잘 때 즐기며 자는가?"

"그렇다면……"

"많은 사람들이 현재를 어떤 '대상'으로 바라보더군. 현재를 즐겨라, 현재를 잡아라, 현재를 놓치지 마라. 이 모두 잘못된 말이네. 현재는 그냥 현재일세. 과거에 대한 두려움도, 미래에 대한 불안도 없는, 그저 고요한 상태 말일세. 편안하게 숨을 쉬듯, 잠을 자듯…… 아까 자네가 물었지. 고통이 있을 때 어디를 향하는지조차 알 수 없다면 어떻게 해야 하느냐고."

"네, 맞습니다."

"고통은 항상 과거 혹은 미래에만 존재하네."

"현재엔 고통이 없나요?"

"깨어 있음, 그것이 바로 현재일세. 진정한 현재에는 고통이 존재할 수 없다네. 로프를 착용하지 않고 뛰어내리는 것, 시험에 대한 준비를 뒤로 미루고 친구와 여행을 떠나는 것이 겉보기엔 '현재'를 살고 있는 것 같아 보여도 진정한 현재는 아니지. 무의식 속엔 두려움이 있을 테니 말일세."

영감님이 말을 이었다.

"마음속에 고통이 있을 때면 기억하게. 현재에는 고통이 있을 수 없다는 것을. 그럴 때는 생각과 느낌을 내려놓고 현재로 오게. 바람을 가르며 자전거를 탈 때의 그 기분을 기억하게나."

현재에는 고통이 없다, 고통은 깨어 있음을 등지는 것이다…… 너무 어려워서 무슨 말인지 모르겠다. 그렇지만 명확한 사실은 이제는 자전거가 두렵지 않다는 것, 자전거를 탈 때 얼굴에 부딪는 바람과 그 속도감을 사랑한다는 것.

소원 성취

처음 이곳에 온 날, 문을 박차고 나가면서 다시는 올 일이 없을 거라고 굳게 다짐했는데 벌써 몇 번째 참석이라니. 그날 문을 열고 나가 투덜거리던 내 모습이 생각나 속으로 잠깐 웃었다. 인생이란 참으로 알 수가 없다.

이곳에 모인 사람들을 찬찬히 살펴보았다. 몇 번 봐서 눈에 익은 얼굴도 있고, 처음 온 날 내가 그랬던 것처럼 어리둥절한 표정으로 앉아 있는 사람도 있고, 근심과 걱정이 가득한 채로 돌처럼 딱딱하게 굳어 있는 사람도 있다. 다들 어떤 마음으로, 또 어떤 기대를 갖고 이 자리에 앉아 있는 것일까?

"의뢰인, 앞으로 나오세요."

오늘은 어떤 사람이 어떤 문제를 의뢰할지 궁금해졌다. 처음에 왔을 때만 해도 내 문제에 집착해서 다른 사람들 사정이 전혀 눈에 들어오지 않았는데, 슬슬 다른 사람들 사정에도 관심이 가는 걸 보니 어느 정도 내 마음에도 여유가 생겼나 보다. 깡마른 체격의 남자가 걸어 나와 영감님 옆에 앉았다. 새카맣게 그을린 피부 때문인지 그의 굳은 표정이 더욱 도드라져 보였다. 긴장된 표정의 그가 입을 열었다.

"요즘 사업도 어렵고 빚 때문에 괴롭습니다…… 돈을 많이 벌고 싶네요."

영감님이 딱 잘라 대답했다.

"여기는 돈을 많이 벌게 해주는 곳이 아닙니다. 돈을 많이 벌고 싶으면 여기가 아니라 회사로 가셔야죠."

남자가 당황한 듯 영감님을 바라보았다.

"여기가 원하는 걸 이루게 해주는 곳이라고 듣고 어렵게 찾아왔는데요……"

"원하면 뭐든 이루게 해주는 곳이 있으면 저도 가고 싶네요, 허허. 여기는 원하는 것이 이루어지든 이루어지지 않든 마음을 편하게 해주는 곳이긴 하죠. 돈이 있든 없든 말이에요."

"돈이 없는데 어떻게 마음이 편안합니까? 빚 때문에 매일매

일이 걱정인데요."

대꾸하는 남자의 말에 가시가 돋쳤다.

"돈이 있으면 마음이 편안합니까? 빚이 없으면 마음이 편안합니까?"

그 순간 누군가 마치 일시 정지 버튼이라도 누른 것처럼 의뢰인 남자가 입을 딱 벌린 채 영감님을 쳐다보았다. 그걸 질문이라고 하느냐는 표정이었다. 남자만 그런 게 아니었다. 나도 그랬다. 돈? 돈이 있으면 당연히 편하고 좋지……

뒤이어 남자의 앙칼진 목소리가 공간을 가득 메웠다.

"그럼 돈이 없어야 마음이 편하다는 말입니까?"

"돈이 있든 없든 마음이 편할 수 있다는 말입니다. 어떤 상황에서든 말예요."

"거 참, 말도 안 되는 소리를 하시네요. 그럼 이런 상황에서도 마음 참 편하시겠습니다!"

화가 난 남자는 벌떡 일어나 문을 쾅 닫고 나가버렸다. 모두 놀라서 눈이 휘둥그레져 있는데 영감님이 평온하게 말을 이었다.

"자, 다음 의뢰인 앞으로 나오세요."

앞으로 나온 사람은 중년의 여인이었다. 얼굴에 뭔지 모를 조급함이 묻어 있었다.

"중고차 구매 명목으로 딜러에게 돈 500만 원을 이미 지불했는데 몇 개월이 지난 지금까지도 아직 차를 못 받았어요. 그 사람은 돈을 돌려주겠다고 얘기는 하는데 자꾸만 미루고 있네요. 돈을 꼭 돌려받고 싶어요."

영감님 "못 받은 돈을 떠올리면 마음이 어떻습니까?"
의뢰인 "가슴에 불길이 이는 것 같아요. 소화도 안 되고, 잠도 안 오고, 죽겠습니다."
영감님 "눈앞에 돈을 떼먹은 딜러가 있다고 생각해 보세요."
의뢰인 "멱살이라도 잡고 싶네요. 내 돈 뜯어먹은 사기꾼 새끼! 내 돈 어쨌어? 크게 소리 지르고 싶습니다."

화를 이기지 못한 의뢰인이 씩씩 거칠게 숨을 쉬었다.

영감님 "모두 깨어나세요."

검지를 들고서도 분에 겨워하던 의뢰인이 몇 번의 깨어나기 끝에 안정을 되찾은 듯 고요해졌다. 채 5분이 안 되어 일어난 일이다. 빽빽 울던 아기가 언제 그랬냐는 듯 고요히 잠든 것처럼, 화로 새빨갛게 일그러져 있던 의뢰인의 얼굴이 점차 평온해졌다.

의뢰인 "돈을 받든 받지 못하든…… 지금 제 삶을 행복하게 살아야겠다는 생각이 듭니다. 더 이상 지난 일로 괴로워하고 싶지 않아요."

영감님 "이것으로 장을 마치겠습니다."

잠깐 쉬는 시간, 영감님에게 쪼르르 달려갔다.
"선생님, 선생님! 그럼 이제 의뢰인이 떼인 돈을 돌려받을 수 있겠네요?"
"떼인 돈을 받을 수 있다고? 그게 무슨 말인가?"
"아까 의뢰인이 깨어나기를 하고 편안해졌잖아요! 그럼 이제 돈을 받을 수 있는 것 아닌가요?"
"편안해진 것과 돈을 받는 것이 무슨 관계가 있나?"
"에? 선생님이 '소원'이 있으면 '소원을 둘러싼 생각과 느낌을 내려놓으라'고 하셨잖아요? 그럼 소원이 이루어진다고요."
"그랬지."
"그러니까 방금 돈을 받고 싶은 소원을 둘러싼 긴장을 내려놓았으니 돈을 받게 되어야 하는 것 아닌가요?"
"의뢰인이 (긴장을 내려놓은 상태에서) 여전히 원한다면 그렇겠지."

"의뢰인이 원한다면요? 당연히 의뢰인이 돈 받기를 원했으니 세션을 진행한 게 아닐까요?"

"원했었지, 과거에. 자네에게 깨어 있음의 목적이 뭐라고 했나?"

"몸과 마음이 편안해지는 거라고 하셨죠."

"현재 의뢰인의 마음은 아주 편안해지지 않았나? 돈을 돌려받느냐 아니냐는 부차적인 문제일세. 돈을 돌려받아도 마음이 편하고, 돌려받지 않아도 마음이 편안한 것, 그것이 깨어 있음일세."

문득 영감님이 알려주신 '평온을 위한 기도'가 떠올랐다.

"선생님! 할 수 있는 일과 할 수 없는 일을 구분하는 것이 깨어 있음이라고 하셨잖아요?"

"그렇지."

"그럼 저 의뢰인은 뭘 깨달은 건가요? '돈을 돌려주고 말고는 딜러의 일이니 내가 관여할 수 없다' 하고 깨달은 걸까요?"

"그렇네. '남이 할 수 있는 일'을 원했기 때문에 고통을 받은 거지."

"제 일은 아니지만 뭔가 억울한데요. 500만 원을 그냥 눈뜨고 떼여야 하나요?"

"기도문을 다시금 되새겨보게. 할 수 있는 일과 할 수 없는 일을 구분할 수 있는 지혜를 달라고 하지 않았나? 내가 '할 수 있는 일'을 하면 되는 걸세. 고소를 하든 소송을 걸든 내가 할 수 있는 일을 하면 되네. 그 대신 고통스러워할 필요는 없네."

쉬는 시간이 금세 끝났다. 나는 자리로 돌아가 앉았다.

행복도 내려놓아야 한다고?

영감님이 참가자들을 바라보며 이야기했다.

"앞서 두 분의 의뢰인이 공교롭게도 같은 주제로 의뢰를 해오셨습니다. 바로 돈이지요. 두 분 모두 '돈을 잘 벌고 싶다' '잃은 돈을 되찾고 싶다'와 같이 돈에 대한 생각과 느낌이 있었습니다. 다시 한 번 말씀드리지만 이곳에서 하는 '깨어나기'는 돈을 잘 벌게 해주는 과정도 아니고, 돈을 포함해 어떤 소원이 이루어지게끔 해주는 도구도 아닙니다. 그저 소원을 둘러싼 생각과 긴장을 내려놓을 수 있도록 하는 것이 전부입니다. 제가 소원을 둘러싼 생각과 긴장을 내려놓으라고 하면, 많은 분들이 소원을 내려놓으라고 하는 줄 압니다. 소원을 내려놓는 것과 소원을 둘러싼 생각과 긴장을 내려놓는 것은 하늘과 땅 차이입니다."

한 여성 참가자가 손을 번쩍 들었다.

참가자 "저는 돈을 생각하면 너무 기분이 좋고 행복합니다! 돈은 저를 풍요롭게 해주니까요. 이런 긍정적인 감정은 좋은 것 아닌가요?"

영감님 "긍정적인 생각과 감정, 부정적인 생각과 감정. 모든 생각과 감정은 깨어남의 대상입니다."

영감님이 나를 한 번 바라보았다. 제대로 잘 들으라는 메시지처럼 여겨졌다.

참가자 "왜 긍정적인 생각과 감정까지 내려놓아야 하나요? 부정적인 생각과 감정을 내려놓는 이유는 긍정적이 되기 위해서 아닌가요?"

영감님 "흐르는 물이 긍정적인가요? 창밖의 나무가 긍정적인가요? 무엇이 긍정이고 무엇이 부정인가요? 무엇을 두고 긍정이다, 부정이다 하는 것은 인간의 판단에 불과합니다. 돈도 마찬가지죠. 우리는 무엇이 있으면 행복해하고 없으면 못살 것같이 불행해합니다. 이것은 모두 조건에 의한 것이지요. 깨어 있음은 조건을 뛰어넘는 것입니다. 있어도 고요하고, 없어도 고요합니다."

긍정적인 감정도 내려놓으라는 말이 마음에 깊게 박혔다. 지금까지 나는 자라면서 긍정적인 사고가 중요하다는 말을 귀가 따갑게 들어왔고 책에서도 수없이 읽었다. 모두 하나같이 긍정적인 사고와 언어의 중요성에 대해 이야기했다.

"할 수 있어!"

"마음만 먹는다면 불가능은 없어!"

"부정적인 생각은 무조건 떨쳐내!"

어디서나 부정적인 생각과 느낌을 벗어던지라는 이야기뿐이었다.

고개를 들자 창문으로 햇빛이 눈부시게 쏟아져 들어와 사물들에 그림자를 만들었다. 해가 있으면 그림자가 있다. 해가 있는데 그림자가 없을 수 없고, 그림자가 있는데 해가 없을 수 없다. 아! 나는 무릎을 탁 쳤다. 긍정이 있다면 그 반대인 부정이 있고, 부정이 있다면 긍정이 있는 법이다. 긍정이 있는 한 부정이 없을 수 없다. 끊임없이 긍정적이 되라고 강조하면서, 부정적인 생각을 떨쳐내라는 것은 애당초 말이 안 된다. 그래서 영감님은 긍정도 내려놓으라고 하셨구나. 긍정도 부정도 없는 상태를 말씀하신 거였구나. 뭔가가 살짝 가벼워진 기분이 들었다. 이 기분도 내려놓아야 하는 건가? 슬며시 웃음이 났다.

되는 것이 아니라 되어지는 것

 원수는 외나무다리, 아니 맛집에서 만난다. 맞은편에 앉은 원수가 나를 향해 씽긋 웃으며 메뉴판을 건넸다. 나도 질세라 활짝 웃었다. 취직 턱을 내겠다고 이렇게 집요하게 구는 사람이 또 있을까 싶을 정도로, 친구는 툭하면 내게 전화를 걸었다. 실은 취직 턱을 내고 싶은 게 아니라, 내 입을 밥숟가락으로 막아놓고 자기 자랑을 하고 싶어서 입이 근질거리는 거겠지. 내가 돈 내니까 넌 듣기나 해! 친구는 매사에 그런 식이었다. 그 꼴 보기 싫어서 몇 번이나 핑계를 댔는데도 굴하지 않는 친구의 집요함에 혀를 내둘렀다. 그래, 그래. 취직 턱 너무 얻어먹고 싶다!
 "다 골랐어?"
 아니나 다를까, 메뉴를 주문하자마자 친구의 입이 봇물 터지듯 터졌다. 공공제약 이번 면접이 유난히 어려웠으며, 경쟁률이 대단했고, 그 경쟁률을 뚫고 들어간 본인은 얼마나 대단하며, 회사 생활이 너무 즐겁고, 초봉이 상당한 수준이며, 입사하자마자 소개팅이 줄을 잇고…… 주문한 메뉴가 빨리 나오기만 기도했다. 한참 동안 본인의 얘기에 심취해 있던 친구는 방청객 알바처럼 고개만 끄덕이고 있는 내가 안쓰러워 보였는지 주제를 잠깐 나에게로 돌렸다. 물론 모든 영광과 영화는 마지막에 본인에게로 돌아가는 화법이다.

"넌 어느 회사 붙었다고?"

"말 안 했었나? 파이자전거."

당연히 말하지 않았다. 뭐 대단한 자랑이라고.

"아, 거기? 근데 거길 갈 바에야 차라리 다른 델 가지 그랬어. 난 네가 공공제약도 안 넣었다길래 뭐 얼마나 대단한 데 가려고 그러나 싶었네."

거봐. 역시 내 예상이 맞았다. 우리의 관계는 늘 이런 식이었다. 겉으로는 '베프'처럼 보였지만, 친구는 어떤 식으로든 자기를 추켜세우고 날 깎아내리기에 바빴다. 자기를 칭찬해 달라고, 떠받들어 달라고 종용하는 친구에게, 진심이 담기지 않았지만 늘 칭찬을 갖다 바쳤다. 친구를 만나면 심리적인 피로에 시달리면서도 그 패턴을 반복했다. 내가 먼저 친구에게 그러지 말라고 이야기할 수도 있고, 친구를 만나는 걸 그만둘 수도 있었을 텐데 관계를 정리하지 못했다. 면접 준비도 말이 같이 한 거지 자료와 예상 질문은 대부분 내가 준비했다. 나는 왜 이런 식의 관계를 몇 년씩이나 유지해 온 걸까? 이런 관계라도 나에게 필요했던 걸까?

"야, 무슨 생각 해? 왜 대답이 없어?"

"응?"

"우리 팀 대리가 날 좋아하는 거 같다니까. 얼마 전에 사귀는 사람 있냐고 물어보더라고."

"인기 많아서 좋겠다."

기계적으로 엄지를 치켜들었다.

"좀 성의껏 대답할 수 없어?"

친구가 갑자기 짜증을 버럭 냈다.

"하아……"

한숨이 나왔다. 평소의 나라면 미안하다고 사과를 했겠지만 오늘은 아니다. 그동안 친구의 비위를 맞춰주느라 고여 있던 짜증이 내 안에서 폭발했는지, 내가 들어가지 못한 공공제약 얘기에 기분이 상했는지 친구의 말을 되받아쳤다.

"작작 좀 해라."

"뭐…… 뭐??"

"작작 좀 하라고. 남 깎아내리면 네가 좀 올라가는 거 같아?"

당황한 친구가 말을 못 잇고 있는데,

"주문하신 바질 파스타와 샐러드 피자 나왔습니다. 맛있게 드세요."

굿 타이밍이네.

"취직 축하한다. 그 좋~은 회사 잘 다녀. 잘 먹었다."

가방을 챙겨 자리에서 일어났다. 문밖까지 걸어 나오는 동안 뒤통수가 근질근질했다. 아마 뒤를 돌아보면 통유리 너머로 나를 죽일 듯이 노려보고 있는 얼굴이 보이겠지. 쏘아주면 통쾌할 줄 알았는데 기분이 영 별로다. 그동안 면접 준비를 얼마나 도와 줬는데 고맙다는 말 한마디 없이 저 잘난 이야기만 떠들어대는 친구가 정말 죽도록 미웠다. 최소한의 고마움이 있다면 정말 저러면 안 되는 것 아닌가? 진절머리가 나서 걷다 말고 고개를 세차게 저었다. 이런저런 잡동사니들이 마구 뒤엉킨 책상 서랍처럼 내 마음도 너무 복잡했다. 누가 곁에서 바늘로 콕콕콕 찌르는 것처럼 머리가 지끈거렸다. 그때 문득 영감님의 말이 떠올랐다.

"몸과 마음은 하나일세."

정신이 번뜩 들었다. 이럴 때 양 검지를 꺼내들고 딱 쳐다보면 몸의 긴장이 사르르 풀어진단 말이지? 주위를 살펴봤더니 죄다 불을 환하게 밝힌 카페와 옷가게뿐이었다. 여기 서서 검지를 꺼내 들기에는 조금 머쓱했다. 나중에 검지를 대신할 방법이 있는지 여쭤봐야지.

아쉬운 대로 벤치에 앉아 맞은편에 보이는 골목 양끝의 가게에 마음속으로 점을 찍었다. 정말 영감님이 말씀하신 대로 몸의 긴장을 나 스스로 내려놓을 수 있는지 테스트하고 싶은 마음도 컸다. 눈이 아플 정도로 환한 가게의 조명들, 빠르게 달리는 자동차와 경적 소리, 혹여나 사람들이 나를 이상하게 쳐다보지는 않을까 하는 생각…… 길거리에서 이런 시도를 하고 있다는 것 자체가 우스웠다. 깨어나기를 할 수 없는 이유가 충분했다.

포기할까 싶은 찰나, 영감님의 말이 다시금 떠올랐다. 마치 영감님이 어딘가에서 나를 보고 있는 듯했다.

"눈으로 양 검지를 동시에 보게. 보는 동시에 지금 들리는 소리를 듣고, 호흡하는 몸의 감각을 느끼게. 심장의 박동이 느껴지는가? 바닥과 맞닿는 발의 감촉은 어떤가? 이 모든 감각을 열게나."

수면 위로 떠오른 커다란 고래처럼 깊은 숨을 들이쉬었다가 내쉬었다. 골목 양끝의 가게를 줄곧 바라보고 있었더니 눈이 아려왔다. 차들이 쉑 하는 소리를 내며 빠르게 지나갔고, 경적 소리는 귀를 찢을 듯 시끄러웠다. 엉덩이에 닿는 벤치는 딱딱하고 엄청 차가웠다. 한 감각도 온전히 쓰기가 어려울 것 같은데 '분산 투자'라는 게 가당키나 할까? 한참을 앉아 있다 엉덩이를 털고 일어나는데 문득 차갑고 딱딱한 얼음이 흐물흐물 녹아내리는 이미지가 떠올랐다.

검지와 보조 바퀴

"선생님, 선생님, 검지 말인데요……"

"검지가 왜?"

"검지 없이 깨어나기를 하는 방법도 있을까요?"

"허허, 벌써 검지가 필요 없는 단계가 된 겐가?"

"아니, 아니, 그게 아니라요…… 제가 며칠 전에 너무너무 화가 났는데, 그때 문득 깨어나기를 해야겠다는 생각이 들었거든요. 근데 길거리여서 검지 들기가 애매했어요."

"그래서 어떻게 했나?"

"아쉬운 대로 시야 양끝에 있는 가게에 점을 찍어서 바라보기를 했는데, 사실 잘 안 됐습니다. 차도 너무 많고 시끄럽고요."

"축하하네."

"뭘 축하한단 말씀이세요?"

"자네 스스로 '생각과 느낌'을 알아차리지 않았나? 올라오는 화를 알아차린 것이지. 잠깐이지만 바로 '고릴라'를 본 걸세. 평소였다면 어땠을 것 같은가? 아, 그때 그 술집으로 달려갔겠구먼. 껄껄."

장난치는 영감님을 향해 가볍게 눈을 흘겼다. 화를 알아차린다는 것은 고릴라를 보는 것. 그렇지만 고릴라는 거기에 그대로 있었는걸.

"그렇지만 잘 안 됐는데요."

"잘 안 된 거지 안 된 것이 아니네."

"그럼 제가 화를 내려놓는 데 성공한 건가요?"

"성공은 아니지만 실패도 아니란 말일세. 깨어나기를 시도하고 난 직후에 생각과 느낌이 어땠는지 기억하나?"

"글쎄요…… 난 역시 안 되네, 이런 생각과 함께 살짝 실망감이 들었달까요?"

"시도하기 전에 갖고 있었던 화는 어땠나?"

"음? 그러고 보니 다른 생각을 하느라 잠시 잊고 있었네요. 시도하기 전만큼 화는 안 났던 것 같아요."

"그걸로 충분하네."

영감님이 빙긋이 미소를 지었다.

"첫술에 배부를 수 있겠는가? 첫술을 떴다는 것만으로도 이미 훌륭한 시도일세. 시도만 해도 좋네."

"선생님, 그렇다면 제가 그랬던 것처럼 검지를 들지 않아도 괜찮나요?"

"검지는 하나의 신호라 생각하게. 내가 지금 이 순간 깨어 있겠다고 스스로에게 선언하는 셈이지. 검지 들기가 수월한 것처럼 보이지만, 생각과 느낌이 격렬하게 올라오는 상황에서 검지를 떠올리기란 상당히 어려운 일이거든. 자네가 다섯 살 때 자전거를 배우기 시작했을 때 처음부터 곧장 두 발 자전거를 타진 못했을 걸세. 검지가 바로 보조 바퀴 역할을 한다고 이해하면 되네."

"그럼 나중에는 검지가 없어도 깨어나기를 할 수 있다는 말씀이시죠?"

"물론이지. 지금 자네가 보조 바퀴 달린 자전거를 탄다면 오히려 거추장스럽지 않겠나? 그렇지만 자전거를 잘 탈 수 있을 때까지는 보조 바퀴의 힘을 빌려야겠지."

"검지에 대해서 또 궁금한 것이 있는데요. 도대체 검지를 어떻게 봐야 하는 걸까요? 제 질문이 좀 이상한 줄은 알지만 양 검지를 어떻게 봐야 하는지 모르겠어요."

"허허, 자네가 드디어 '보려고' 노력하기 시작했구먼."

"처음에는 양 검지를 보라고 하셨을 때 별 생각이 없었거든요. 양 검지를 보는 게 뭐 어렵나 하고요. 그런데 막상 양 검지를 동시에 바라보려고 하니 여간 만만한 게 아니네요."

"보려고 하지 않아야 보인다네."

"좀 쉽게 설명해 주시면 안 될까요? 양 검지를 들고 눈을 감으라는 말씀은 아닐 테고요."

늘 수수께끼 같은 말씀을 하시더니, 이제는 보려고 하지 않아야 보인다니.

"자네는 지금 한글을 잘 읽는가?"

"에이 참, 무슨 말씀이세요?"

"그렇다면 처음 한글 배울 때는 어땠는지 한번 떠올려보게."

"한글 따위 없어져버렸으면 좋겠다고 생각했죠. 기역, 니은, 디귿 다음에 어찌나 생각이 안 나던지. 생긴 것도 너무 복잡하고, 발음은 더 복잡하고…… 어휴, 그때 생각하면 끔찍하네요."

"지금은 읽으려고 애쓰지 않아도 저절로 읽어지지 않는가? 깨어 있음도 같은 원리라네. 처음에는 한글을 배우는 것처럼 힘들고 어렵지. 하기 싫을 때도 많고 포기하고도 싶을 걸세. 그렇지만 나중에는 애쓰지 않아도 저절로 깨어 있음이 되네. 보려고 하지 않아도 저절로 보일 거고 말이야."

"그때까지는 검지 보는 연습을 계속해야겠네요. 끄응……"

나는 마치 허리춤에서 칼을 꺼내기라도 하는 것처럼 꽤 비장한 표정으로 검지를 빼들었다.

"그나저나 스스로 깨어나기를 해야겠다고 생각할 정도로 자네를 화나게 한 일이 뭐였는지 궁금하구먼."

"합격 턱 내겠다는 그 친구 때문에요. 저를 볼 때마다 어찌나 잘난 척을 해대는지…… 그 꼴을 왜 여태 참아줬는지 모르겠어요. 그 애 성격이 워낙 별나서 학교 다닐 때도 걔는 친구가 저밖에 없었거든요."

"그 친구를 만날 때 어떤 느낌이 드는가?"

"불편하죠. 걔랑 만날 때마다 장이 꼬이는 느낌이에요."

"왜 그런지 생각해 봤나?"

"솔직히 말씀드리면…… 그동안은 그 친구 성격이 이상해서 그런 거라고 생각했는데, 그날 검지 보는 연습을 하다 보니 떠오른 게 있어요. 제가 그 친구를 엄청 질투하고 있더라고요. 제가 그토록 원하던 회사에 들어간 것도, 좋은 성과를 내고 인정받는 것도, 부모님과 사이가 좋은 것도…… 제가 갖지 못한 걸 그 애는 늘 너무 쉽게 얻어요. 그게 너무 미웠나 봐요. 그 애 앞에 서면 저는 너무 작아져요. 아…… 말하고 나니 너무 쑥스럽네요. 제가 못나 보여요."

가만히 내 말을 듣고 있던 영감님이 웃으며 나를 바라보았다.

"크고 작음…… 이것은 사실인가, 아니면 자네의 생각과 느낌인가? 못나 보인다…… 이건 사실인가?"

"아!"

크고 작은 나, 잘나고 못난 나. 이 또한 생각과 느낌의 함정이었구나.

깨어 있습니다, 깨어 있습니다!

눈을 번쩍 떴다. 시간을 확인하기 전이지만, 등골에 흐르는 한 줄기 서늘한 기운으로 지각을 감지한다. 큰일이다. 어제 회식을 마치고 집에 들어오니 새벽 3시, 그 뒤로 기억이 없다. 어젯밤 회식 자리에서 "내가 신입 때는 말야~" 하고 묻지도 않은 본인의 신입 시절을 떠들어대던 부장이 생각났다. 체질 때문에 술을 잘 못한다고(물론 뻥이다) 몇 번이나 술을 사양했지만, 벌컥 화를 내며 "너 인마, 이제 회사 체질이 돼야지!" 하며 내게 술을 억지로 먹이는 통에, 회식 내내 화장실을 들락거리며 변기를 껴안고 몇 번이나 토했는지 모른다. 부장의 그 번드르르한 양복에도 한바탕 토해줬어야 하는 건데. 하마터면 집으로 오는 택시 안에서도 토할 뻔했다. 어우, 머리야.

사무실에 도착하니 9시 10분.

"아, 안녕하십니까?"

헐떡거리며 가쁜 숨을 몰아쉬고 자리에 앉았다. 다들 무뚝뚝한 표정으로 모니터를 바라볼 뿐이다. 띠링~ 컴퓨터를 켜기 무섭게 메신저 창이 떴다. 바로 옆자리에 앉은 팀장님이다. '지금 잠깐 좀 보자.'

먼저 일어난 팀장님을 뒤따라 로비로 나왔다. 나 이제 찍힌 건가? 급하게 오느라 흘린 땀 때문에 등줄기는 축축하고 마음은 착잡하다.

"늦잠 잤어?"

"예…… 죄송합니다."

"어제 회식까지 했는데, 뭐 10분 늦은 거 가지고 이러나 싶지?"

"아, 아닙니다."

"얼굴에 다 씌어 있거든. 긴장 풀어."

팀장이 내 어깨를 가볍게 툭 쳤다. 마음이 좀 누그러드는 기분이다. 팀장이 목소리를 살짝 낮췄다.

"네 동기들 오늘 8시 30분에 다 출근해서 자리에 앉아 있었다. 부장님이 안 보는 것 같아도 다 보고 있어. 그 양반한테 한번 찍히면 꽤 오래간다. 앞으로 조심해."

"예, 감사해요, 팀장님."

부장이 마침 앞을 지나가자, 팀장은 한쪽 눈을 찡긋해 보이며 누구 들으라는 듯 나에게 큰소리로 말했다.

"야! 너 신입이 말이야! 입사한 지 얼마 됐다고 빠져가지고. 제대로 하란 말이야!"

터져 나오는 웃음을 참느라 고개를 푹 숙였다. 팀장님이 있어서 정말 다행이다. 휴우.

팀장님의 예언은 현실이 되었다. 한동안 심심했던 부장의 새로운 먹잇감이 된 것 같은 느낌은 뭘까? 부장 눈엔 나의 머리부터 발끝까지가 싹 다 마음에 안 드는 것 같다. 업무 처리는 물론이고 옷차림부터 시작해서 업무 시간에 간식 먹는 것까지 태클이다. 업무 중에 과자를 먹고 있으면, "야, 너는 회사에 먹으러 왔냐?"라고 무안을 줬다. 나중엔 숨 쉬는 것까지 트집 잡을 것 같다.

지각한 건 물론 잘한 일은 아니지만, 회식 때문에 늦잠 잔 거고 딱 한 번 지각한 걸 가지고 왜 이 난리일까? 며칠 전엔 40도에 육박하는 폭염이었는데 무릎까지 오는 반바지를 입은 걸로도 시비를 걸었다. "야, 나 때는 말야!"로 운을 떼는 부장의 타임슬립 화법을 듣고 있으면 무슨 수를 써서라도 그때의 과거로 보내버리고 싶다.

시계를 보니 밤 10시, 사무실에 남은 건 나와 부장뿐. 왜 집에도 안 가는 걸까? 반쯤 감긴 눈으로 모니터를 보고 있는데, 부장이 언제 왔는지 내 모니터를 들여다봤다. 깜짝이야.

"야! 보고서 내용이 이게 뭐야? 너네 팀장 좀 보고 배워라. 프로답게! 프로답게 하란 말이야"

신입이 프로다우면 그거야말로 정말 이상한 거 아닌가? 순간 모니터를 가리키는 부장의 검지가 눈에 들어왔다. 그러고 보니 한동안 잊고 있었네, 이 녀석.

"야, 신입! 너 내 말 듣고 있는 거야?"

"예? 예."

"집에 가. 집에 가. 하여튼 요즘 것들은 말이야. 패기가 없어! 패기가! 쯧쯧."

언제 부장의 마음이 바뀔지 몰라 그 길로 가방을 싸서 부리나케 사무실을 빠져나왔다. 회사 건물을 돌아보니 아직까지 모든 층이 불을 환히 밝히고 있다. 누가 그랬지? 야경이 아름다운 건 야근하는 사람들이 많아서라고. 퇴사하고 싶다는 생각이 간절했다. 영감님은 잘 계시려나······

마우스의 비밀

"선생니이이이이이임~"

몇 달 만인지 모르겠다. 영감님의 온화한 얼굴을 보자 갑자기 눈물이 핑 돌았다.

"오랜만이구먼. 어서 오게나. 회사 생활은 어떤가?"

"딱 죽을 맛입니다."

"허허, 오늘은 회사 때문에 온 거구면?"

"맞아요! 정확히는 김 부장 때문이죠!"

"마우스는 잘 쓰고 있는가?"

그제야 잊고 있던 마우스가 생각났다. 그러고 보니 영감님이 주신 마우스가 회사에서 쓰라고 준 마우스와 모양이 비슷했다.

"야근에, 주말 출근에…… 너무 바빠서 마우스는 꺼내 쓸 생각도 못했어요."

"마우스를 쓰면 힘 빼는 데 도움이 될 거라고 하지 않았나? 허허."

"회사에서도 비슷한 마우스를 쓰고 있더라고요. 전 입사 당일에 몇 번 써보다 영 어색해서 평소 집에서 사용하던 마우스를 사무실로 가져가 쓰고 있지만요."

"그래? 그 마우스가 어색해도 한번 써보게. 상사 때문에 괴로운 마음도 한결 누그러들 걸세."

"전에도 궁금했지만 마우스가 제 감정 다스리는 거랑 무슨 관계가 있나요?"

"그 마우스를 쓰기가 어색하다고 했지? 그건 일부러 그렇게 설계된 것이네."

"일부러요?"

"깨어 있으려면 다른 감각들이 열려 있어야 하네. 자네가 회사에서 괴로운 것은 깨어 있지 못한 상태이기 때문이네. 자신의 느낌에 빠져서 다른 느낌에 열려 있지 못하는 상태, 맞나?"

"네, 맞습니다. 어떤 때는 분노에 사로잡혀 배고픈 것도 잊은 때가 있어요."

"그래, 한 가지 느낌에 사로잡혀 있으면 다른 감각을 인지하기 어렵지. 그런 상태에서 그 마우스를 쓰게 되면 이상하다는 느낌을 받을 걸세. 그 마우스가 익숙한 마우스가 아니기 때문이지."

"아하, 어떤 느낌에 빠져 있다가 그 마우스를 쓰면 빠져 있던 느낌을 알아채게 되는 거군요?"

"그렇지. 그 마우스는 보통의 마우스하고는 달리 힘을 줄 수 없는 구조로 되어 있네. 힘을 빼야 오히려 사용이 쉬워지는 독특한 구조 때문에 뭔가 생경한 느낌을 인식하게 되는 거라네. 설령 분노에 사로잡혀 있다가도 마우스를 만지는 순간, 그 생경하고 새로운 느낌을 인식하지 않을 수 없는 거지."

"회사에서 준 마우스도 평소에 쓰던 마우스보다 힘이 덜 들어가서 그게 되레 어색하고 불편했어요."

"보통의 마우스는 손에 긴장을 주는 구조지만, 내가 준 마우스는 힘을 줄래야 줄 수 없는 구조네. 그러니 그 마우스를 사용하면 자연스레 손의 긴장이 풀어지지. 마우스를 잡은 손에서 힘을 빼게 되면 연결된 팔과 어깨의 긴장도 풀어지고, 동시에 몸 전체의 긴장이 함께 풀어지는 거라네."

"몸의 긴장이 풀리니까, 마음의 긴장도 풀리는 거군요?"

"정확하네."

영감님이 웃으며 답했다.

'힘 빼는 연습을 시키는 마우스라······'

그런 줄도 모르고 서랍 속에 처박아둔 마우스를 집에 가면 당장 꺼내 써봐야겠다고 생각했다.

"자, 이제 그만 자리에 앉게. 곧 세션을 시작할 시간이네."

영감님은 빙그레 웃으며 벽에 걸린 시계를 가리켰다.

거기서 아버지가 왜 나와?

영감님 "자, 의뢰인은 김 부장을 생각하면 느낌이 어떤가요?"

나 "미칠 것 같습니다. 부장이 저를 평소에 엄청 괴롭히거든요. 절 못 잡아먹어서 안달이에요."

부장이 앞에 있다는 생각만 해도 화가 나고 싫었다. 마음속 깊은 곳에서 분노가 끓어올랐다. 그런데 갑자기 아버지의 모습이 부장의 모습 위에 포개졌다.

나 "갑자기 아버지가 떠올라요."
영감님 "아버지에 대한 생각과 느낌이 어떤가요?"
나 "아버지한테 한바탕 욕을 퍼붓고 싶습니다."
영감님 "왜죠?"
나 "아버지는 저를 제대로 인정해 준 적이 없어요. 이거 해라, 저거 해라 늘 강요만 했지 한 번도 저에게 잘했다는 칭찬이나 수고했다는 따뜻한 말을 해준 적이 없어요. 시험을 잘 치르면 가끔 머리를 쓰다듬거나 몇 번 용돈을 주기는 했지만…… 아버지 맘에 들고 싶어서 평생을 얼마나 발버둥쳤다고요……"

감정이 북받치면서 눈물이 뚝뚝 흘렀다. 당황스러웠다. 사람들 많은 데서 눈물 보이는 게 싫어서 재빨리 눈물을 닦았다.

영감님 "지금 느껴지는 그 느낌을 최대한으로 확장해 보세요."
나 "네? 느낌을 최대한으로 확장하라고요? 어떻게요?"
영감님 "머리로 '어떻게'를 생각하지 말고 그냥 해보세요."

흐르는 눈물을 닦으며 슬픔을 최대한으로 확장해 보려고 애썼다. 그러나 확장한다는 말이 무슨 뜻인지도 모르겠고, 이게 다 무슨 소용인가 싶은 생각도 들었다. 내 생각을 알아챘는지 영감님이 다시 말을 이었다.

영감님 "지금 올라오는 그 느낌을 확장했나요? 그렇다면 느낌의 경계선을 느껴보세요."
나 "느낌의 경계선이요?"

느낌의 확장에 이어 느낌의 경계선이라니…… 북받치는 감정을 그대로 느끼면서 숨을 깊이 들이쉬었다. 얼마나 지났을까, 파도처럼 일렁이던 내 마음이 한 순간 잠잠해졌다. 갑자기 한 마리 새처럼 두 팔을 쫙 펼치고 자유롭게 날갯짓을 하고 싶은 기분이 들었다.

나 "전 더 이상 아버지의 인정이 필요하지 않아요. 전 어느 누구의 인정도 필요하지 않아요. 나는 그냥 나입니다."

내 안에서 나도 모르게 튀어나온 말이었다. 마치 내 안의 다른 누군가가 나에게 하는 말 같았다. 그 말을 들으니 가슴이 시원해졌다. "인정받으려 노력하지 않아도 된다"는 말만으로도 왠지 위로가 되는 느낌이었다.

영감님 "다시 부장을 떠올려보세요."

아버지에게 인정받고 싶다는 욕구에서 벗어나 자유로워진 마음으로 다시 부장을 떠올려보았다. 아무렇지 않았다. 희한한 일이다.

'여전'한 것은 과연 누구일까?

헉헉헉, 하마터면 또 지각할 뻔했다. 자리에 앉아 숨을 몰아쉬며 부장 자리를 흘긋 살폈다. 다행히 자리가 비어 있다. 헐떡거리며 들어오는 걸 봤어봐, "나 신입 때는 말야~"로 시작되는 일장연설이 한바탕 펼쳐졌겠지. 생각만으로도 머리가 지끈거려 나도 모르게 고개를 막 저었다.
"비 맞은 개냐?"
부장이 들어오면서 또 나를 향해 한 소리 했다.
"아, 안녕하십니까, 부장님?"
"보고서 들고 내 자리로."

"옙!"

이제는 트집을 잡으려고 해도 더 이상 잡아낼 게 없을 텐데…… 스무 번 이상 고친 보고서를 안고 부장 자리로 갔다. 부장이 보고서를 몇 장 휘리릭 넘기더니 바로 실수를 찾아냈다. 아무리 들여다봐도 내 눈엔 절대 안 보이던데 어찌된 일일까? 끄응.

"여기 폰트 왜 달라? 뒷장에 문단은 왜 들여쓰기 안 했어? 초딩이세요? 하~나 하~나 알려줘야 하냐?"

"…… 죄송합니다."

"다시 해와."

퇴짜 맞은 보고서와 함께 자리로 돌아왔다. 어제는 눈앞에 부장을 떠올려도 아무렇지 않더니…… 깨어나기가 금세 도루묵이 되었다. 저 인간의 악덕함은 너무 두꺼워서 깨어나기로도 뚫어지지 않는 것임에 틀림없다! 자리로 돌아와 씩씩거리다가 입사 초기에 받은 마우스를 서랍에서 꺼냈다. 보통 마우스랑 다르게 아주 작은 힘만으로도 마우스를 클릭할 수 있어서 사용하려면 오히려 힘을 빼야 했다. 손가락 힘을 조금씩 빼다 보니 거칠던 호흡도 덩달아 조금씩 잦아드는 기분이 들었다. 영감님이 말씀하신 게 이건가?

"선생님! 깨어나기가 효과를 못 보는 때도 있나요?"

"왜 그러나?"

"제가 얼마 전에 회사 부장 때문에 너무 힘들다고 해서 제 문제를 다뤄주셨잖아요. 선생님과 함께 깨어나기를 시도할 땐 부장을 떠올려도 아무렇지 않았는데……"

"그랬지."

"그런데 회사 가니까 부장을 보자마자 너무 싫은 거예요. 그래서 생각했죠. 아, 깨어나기가 잘 안 될 때도 있다! 아니면…… 깨어나기는 일시적인 것에 불과하다!"

영감님이 말없이 수염을 매만졌다. 역시 깨어나기로 모든 문제가 해결될 순 없어. 그렇지 않다면 세상살이가 왜 이렇게 어렵겠어? 영감님의 다음 말을 기대했다. 사실 깨어나기는 일시적인 방법이라거나 모든 상황에서 다 통하진 않는다거나…… 그런데 침묵을 깨고 이어진 영감님의 말은 충격적이었다.

"자넨 깨어나기 후에도 부장이 여전히 싫다고 말했네."

"네, 맞아요. 깨어나기를 시도했던 그 순간만 잠시 괜찮았다고 하는 게 더 정확하겠네요."

"깨어나기 이후에 자네는 부장을 어떻게 대했나?"

"네?"

"자네가 부장을 어떻게 대했느냔 말일세."

"아니…… 선생님, 착각을 하시는 것 같은데요, 제가 부장을 괴롭힌 게 아니라 부장이 저를 괴롭힌 거예요. 저는 엄연한 피해자라고요. 제가 잘해주고 말고 할 게 어디 있어요?"

"깨어나기가 안 되는 이유는 바로 자네에게 있었구먼."

"네? 저요?"

나도 모르게 크게 소리를 질렀다.

"깨어나기를 하고 나서도 여전히 과거의 잣대로 부장을 보는 자네의 눈 말일세. 깨어나기를 하고 나서도 여전히 생각과 느낌에 빠져 있는 자네! 깨어나기를 하고 나서도 본인이 아닌 남이 바뀌어야 한다고 굳게 믿는 자네, 자네 말일세."

"하지만……"

뭔가 억울한 느낌이 들었다. '을'인 내가 '갑'인 부장에게 무얼 할 수 있단 말인가?

"깨어나기의 열쇠는 자네가 쥐고 있네. 오늘은 이만 돌아가게."

집으로 돌아와 침대에 힘없이 누웠다.

"깨어나기의 열쇠는 자네가 쥐고 있네"라고 한 영감님의 목소리가 계속 귓가를 맴돌았다. 마음 한편에선 '나를 괴롭힌 건 부장인데 왜 내가 바뀌어야 해?'라는 억울함과 분노의 목소리가 올라왔다. 벌떡 일어나 앉아 마음속 목소리에 맞장구를 쳤다.

"그래! 맞아! 내가 왜? 영감님은 '을'이 안 돼봐서 몰라."

양 손바닥을 비비며 혼자 씩씩거리다가 내 손바닥을 내려다봤다. 검지. 이 검지로 지난 몇 달간 뭘 했던가? 출퇴근 지문 찍는 시간 이외에는 줄곧 타이핑만 했다. 출근하자마자 요란한 키보드 소리를 내며 빈 모니터에 '으아아아아아아아 진짜 집에 가고 싶다'를 쳐 넣기도 했고, 하염없이 보고서를 작성하는 데 쓰기도 했네.

오랜만에 양 검지를 들어보았다. 왠지 어색했다.

"눈으로 양 검지를 동시에 보게. 보는 동시에 지금 들리는 소리를 듣고, 호흡하는 몸의 감각을 느끼게. 심장의 박동이 느껴지는가? 지금 딛고 서 있는 바닥과 맞닿는 발의 감촉은 어떤가? 이 모든 감각을 열게."

검지를 들고 영감님의 목소리를 떠올렸다. 영감님에 대한 화가 슬그머니 누그러들었다.

한밤중의 울음소리

"띠리리리 띠리리리."

지금 몇시야? 더듬더듬 손으로 핸드폰을 찾았다. 으…… 알람 시간을 잘못 맞춰놓은 건가? 겨우 알람을 껐는데 다시 알람이 울렸다. 아, 이거 뭐야? 액정을 확인하는 순간 짜증이 확 일었다.

"야! 지금 몇신데!"

"흑흑흑흑……"

잠이 확 깼다.

"여보세요?"

"흑흑흑흑…… 나 어떡해……"

"뭐야? 무슨 일 있어?"

"선배한테 고백했는데 선배가 나 싫대. 어어엉~"

맥이 탁 풀렸다. 아니, 자기 연애는 자기가 알아서 하지…… 내가 지금 이 새벽에 이런 전화를 받아줘야 돼? 사실 그때 그렇게 헤어지고 나서 친구가 다시는 연락하지 않을 줄 알았다. 내가 너무 톡 쏘아붙였나 후회도 되었지만, 뭐 이미 엎질러진 물. 어쨌거나 난 엎질러진 물을 주워 담을 생각이 없는데, 새벽 3시에 엎질러진 물이 다시 주워 담기는(?) 기적이 일어나고 있다.

친구가 말하는 선배는 바로 나에게 마인드리더십센터에 가보라고 했던 그 선배였다. 친구가 선배를 짝사랑해 온 건 이미 학교 다닐 때 눈치 챘다. 종종 셋이 같이 밥도 먹고 어울렸다. 다리라도 놔줄까 싶어서 친구에게 선배 어떠냐고 넌지시 물어보면, 절대 본인 스타일이 아니라고 손사래를 치며 극구 부인했다. 본인이 알아서 하려나 보다 싶었는데, 지금 이 시간에, 이 상황에…… 이건 아니지 않나?

"흑흑흑…… 오늘 나 좀 만나줘."

여태까지 나한테 한 짓을 봐서는 딱 거절해 버리고 싶지만, 그랬다간 뭔 일 날 것 같아서 일단 알았다고 하고 전화를 끊었다.

지난번 그 외나무다리다. 밤새 얼마나 울었는지 눈이 퉁퉁 부은 얼굴로 친구가 내 앞에 앉아 있다. 쯧쯧, 쌤통이다 싶으면서도 한편으론 짠한 마음이 든다.

"선배가 너 싫대?"

고개를 푹 숙인 친구의 입술이 실룩거린다. 무슨 말을 하려다가 말고, 다시 또 하려다가 말고 20분째 줄곧 실룩거리기만 하던 친구의 입술이 드디어 열렸다.

"있잖아…… 나 선배 좋아해."

"내가 그렇게 눈치가 없어 보이세요? 니 얼굴에 다 써 있었거든. 선배랑 한번 만나보랄 때는 그~렇게 아니라고, 아니라고 하더니."

"…… 취직하고 고백하려고 했어. 좋은 데 취직하면 선배가 나 좀 달리 볼까 싶어서. 그런데 나 아니라잖아."

고개를 푹 숙이고 눈물까지 뚝뚝 떨어뜨리는 폼이 여간 좋아한 게 아니었다 보다. 하긴 입학한 해부터 곧잘 어울려 다녔으니 함께한 세월도 상당했다.

"아니 그렇게 자신감 넘치던 애는 어디 갔대?"

"내세울 게 없어서…… 그래서 좋은 직장에 들어가면 내가 좀 괜찮아 보이려나 싶었다! 왜!!!"

친구가 눈물범벅이 된 얼굴로 갑자기 빽 소리를 질렀다. 그동안 매번 입만 열면 잘난 척뿐인 저 입에서 '내세울 게 없어서'라는 말이 나오다니. 친구가 훌쩍거리며 말을 이었다.

"나도 알아. 나 재수 없게 굴었던 거. 입만 열면 잘난 척했던 거…… 알아…… 나도 안 그러고 싶었어. 근데 어떡해…… 내 맘대로 안 되는데……"

애도 어쩌면 나랑 똑같았던 걸까? 너무 불안하고 답답하고 자꾸만 다른 사람들과 비교되고 주눅 들고…… 그래서 나의 영혼 없는 칭찬이라도 필요했던 걸까?

"주문하신 바질 파스타와 샐러드 피자 나왔습니다. 맛있게 드세요."

뭐야, 지난번 메뉴랑 똑같은 거 아냐?

"뭐야 이거? 아니, 자리도 지난번이랑 똑같은 데 잡아놓고……"

친구가 코를 훌쩍거리면서 말했다.

"그때 너 이거 못 먹어봤잖아. 맛있어서 시켰어. 먹어보라고."

"그럼 넌 그때 그 상황에서 그걸 다 먹고 갔어?"

"주문했는데 어떡해? 포장해서 집에 가면 식을 거 같아서 다 먹고 갔지."

"대~단한 미식가 나셨다, 진짜."

퉁퉁 부은 친구 얼굴을 마주보니 갑자기 풉 웃음이 터졌다.

"너 얼굴 진짜 호빵맨 같다, 호빵맨."

"뭐야? 난 울어서 부은 거고, 넌 24시간 항상 부어 있잖아. 지금 네 얼굴이 부은 내 얼굴보다 더 크거든."

"야, 먹지 마. 먹지 마!"

오랜만에 크게 웃으며 즐거운 시간을 보냈다. 나는 그동안 왜 그렇게 친구를 미워했을까? 사실 돌아보면 별것도 아니었는데.

식사를 마치고 카페로 자리를 옮겼다. 휘핑크림을 듬뿍 얹은 음료를 홀짝이던 친구가 갑자기 슬픈 목소리로 말했다.

"아~ 내일 또 회사 가야 한다니."

"하아아, 그러게."

"너희 회사는 좀 어때?"

"야, 말도 마. 진짜 부장 새끼가 얼마나 괴롭히는지……"

"팀장도 아니고 부장이 왜? 같이 얽힐 일 있어?"

"아니, 자꾸 나한테 사사건건 시비야. 지각한다고 뭐라고 하고, 보고서 오타 좀 있는 거 가지고 뭐라고 하고, 옷차림 가지고도 지적해. 진짜 말도 안 됨. 노답!"

친구가 입가에 크림을 잔뜩 묻힌 채 동그랗게 뜬 눈으로 나를 바라봤다.

"너 지각했어?"

"출근길 지하철이 워낙 복잡하냐? 놓치기도 하고, 사람 많아 못 타기도 하고, 어쩌다 보니 그렇게 됐지 뭐."

"몇 번이나 했는데?"

"서너 번? 꼭 2, 3분씩 늦더라고. 집에서 일찍 나온다고 나왔는데……"

"지각은 그렇다 치고 보고서는 또 뭔데?"

"보고서는 진~짜 말도 안 된다니까. 사람이 살다 보면 보고서에 오타 좀 있을 수 있는 거 아니야? 실수할 수도 있지."

"보고서 올리기 전에 맞춤법 검사기 돌려?"

"아니, 그게…… 해야지 생각은 하는데 꼭 허겁지겁 내다보니까……"

친구가 끄응 하고 신음소리를 냈다. 부장이 내 보고서를 받아

볼 때랑 비슷한 소리였다.

"너희 부장님이 너한테 소리 지르고 막 그래?"

"아니, 그냥 오며가며 자꾸 시비 걸어."

"야…… 그만하면 양반이지. 너 부장님한테 잘해라. 신입이 기본이 안 돼 있네, 기본이. 만날 지각하고, 보고서에는 오타투성이고. 학생도 아니잖아, 이제 우리."

친구 말을 듣고 보니 맞는 것도 같았다. 괜히 머리를 긁적였다. 할 말이 없었다.

내가 바뀌면 세상이 바뀐다는 말

친구와 헤어지고 집으로 돌아오는 길에 곰곰이 생각해 봤다. 내가 언제부터 부장이랑 사이가 이렇게 틀어졌을까? 부장이 늘 나에게 하는 잔소리도 다시 곱씹어보았다. 지각하지 마라, 보고서에 오타 체크해라, 폰트 통일해라…… 생각해 보면 기본 중의 기본이긴 했다. 부장에 대한 반항심에 내가 정작 해야 할 걸 놓치고 있었다. 그러고 보니 부장한테는 인사도 억지로 하고 늘 삐딱하게 굴었다. 나를 괴롭히는 악마라고 생각했으니까……

영감님이 알려주신 기도문이 문득 떠올랐다. 할 수 있는 일과 할 수 없는 일을 구분하지 못하는 데서 고통이 온다고 했지. 설령 부장이 악의적으로 나를 괴롭혔다 하더라도 그건 이미 지난 일이다. 생각에 잠겨 길을 걷다 요란한 음악 소리에 고개를 들었다. 모퉁이 오락실 앞에 비치된 인형 뽑는 기계에서 나는 소리였다. 인형 하나 건지지도 못하고 뽑기 기계에 몇만 원을 갖다 바친 전적이 있을 정도로 뽑기엔 영 소질이 없는 나다. 평소 같으면 그냥 슥 지나쳤을 텐데, 오늘따라 왠지 관심이 생겨 기계 안의 인형들을 슬쩍 들여다봤다. 토끼, 곰, 오리, 그리고 그 사이로 무뚝뚝한 표정의 고릴라 한 마리가 있었다. 유심히 보니 부장을 닮은 것 같기도 했다.

한 가지 생각과 느낌에 빠져 있으면 고릴라가 안 보인다고 했지…… 그럼 나는 부장에 대한 한 가지 생각과 느낌에 집중하느라 뭘 놓치고 있었던 걸까? 부장이 나를 괴롭힌다, 밉고 싫다는 생각과 느낌, 이걸 걷어내면 뭐가 보일까? 집으로 돌아가려는데 왠지 고릴라 인형의 입 꼬리가 슬쩍 올라간 것처럼 보였다.

"안녕하십니까?"

출근하는 부장을 향해 먼저 인사했다. 부장의 얼굴을 보자 또 생각과 느낌이 올라왔지만, 깊게 심호흡하고 어제 본 고릴라 인형을 떠올렸다. 부장이 나를 한 번 보고 손목시계를 흘긋 봤다.

"웬일이야?"

일찍 와도 비꼰다는 생각이 바로 올라왔다. 그래, 비꼬든 말든 그건 저 사람의 자유다. 나는 내가 할 수 있는 일을 하자.

"보고서 수정 다 됐으면 가져와."

부장이 보고서를 살펴보는 침묵의 1분이 꽤나 길게 느껴졌다. 또 무슨 시비를 걸려고 이러나…… 아차차, 생각과 느낌! 생각과 느낌! 부장이 날 보지도 않고 모니터를 보며 말했다.

"진작 이렇게 했음 좀 좋아?"

예쓰! 퇴근길엔 아무래도 고릴라 인형을 뽑으러 가야겠다는 생각이 들었다.

나랑 같이 고릴라 보러 갈래?

"이거 뽑아달라고 날 불렀다고?"

이제 친구와는 퇴근 후에 종종 만난다. 억지로 칭찬할 필요도 없고, 애써 노력할 필요도 없이 그저 담백한 마음으로 만나고 있다. 대학 4년 내내 붙어 다녔는데도 그 시간이 무색하리만큼 새로운 친구의 모습을 보기도 한다. 친구도 더 이상 내 앞에서 허세를 부리지 않는다. 이런 모습이 한편으론 참 어색하기도 하다.

"아니 아니! 오리 말고 그 옆에 고릴라!"

"오리가 더 귀여운데?"

"고릴라가 필요해, 고릴라."

"취향 참⋯⋯ 잠깐만 기다려보셔. 뽑기의 신이 뭔지 보여주겠으~"

친구가 인형 뽑는 기계에 양손을 올리고 절도 있게 버튼을 누르며 각을 조정했다. 저 현란한 손놀림! 얘는 공부는 안 하고 인형 뽑기만 했나?

"옜다, 받아라!"

어제 날 보며 슬쩍 웃던 고릴라가 금세 내 손바닥 위에 놓였다. 반가운 마음에 고릴라 머리를 한 번 쓰다듬었다. 고릴라를 볼 때마다 '생각과 느낌'을 알아차리는 신호로 사용할 셈이다. 손바닥 위의 고릴라 인형을 흐뭇하게 바라보는 내 얼굴을 보며 친구가 웃었다.

"오구오구, 새 애인이세요?"

"너야말로 선배한테 마음 정리 다 된 거?"

"아, 몰라⋯⋯ 회사도 선배 땜에 간 건데⋯⋯ 망했어."

"회사를 선배 때문에 가다니 그게 무슨 소리야? 선배네 회사에 들어간 것도 아니잖아."

취준 기간에 친구는 묻지도 따지지도 않고 미련하리만치 공공제약만 팠다. 공공제약 아니면 안 가겠다고 선언까지 하는 통에 어지간히 가고 싶나 보다 했었다. 그런데!

"너 진짜 적성이나 진로에 대해서는 아무 고민 없이 그냥 선배가 추천해 줘서 거기에 들어간 거라고?"

"전에 선배한테 진로 상담을 했었는데, 선배가 공공제약이 나랑 잘 어울릴 것 같다고 했거든. 한번 열심히 해보라고."

"야, 진짜 소름이다. 아무리 선배가 좋아도 그렇지……"

"선배가 우리 과에서 취직 제일 잘했잖아. 애들 상담도 많이 해주고. 뭐, 나보다 날 더 잘 알겠거니 싶었지. 합격하면 선배한테 취직 턱도 내고, 그 핑계로 졸업 후에도 좀 친해지고."

친구의 말을 듣고 보니 나도 별반 다를 바 없긴 했다. 그저 취직만 되라는 심정이었지 적성이나 진로 따위를 고민할 시간이나 있었나?

"선배 말대로 회사도 괜찮고 조건도 좋아. 근데 하면 할수록 이게 아닌 것 같다는 생각이 들어."

"그럼 넌 어떡하고 싶은 건데? 이직이라도 하려고?"

"자신 없어. 사실 내가 뭘 하고 싶은지도 모르겠고. 이제 와서 하고 싶은 걸 찾자니 지금껏 쌓은 노력이 너무 아깝고 괜히 바보 같은 짓이다 싶고…… 그냥 참고 다녀야겠지?"

문득 고릴라의 입 꼬리가 다시 한 번 쓱 올라간 듯한 기분이 들었다.

"너 말이야, 나랑 고릴라 보러 같이 갈래?"

"엉? 뜬금없이 웬 고릴라?"

"일단 고릴라를 봐야 되거든. 취직이건 연애건."

"갑자기 뭔 소리야. 무슨 소원 들어주는 고릴라라도 있어?"

"실은 선배가 알려준 거야. 나 취직 때문에 힘들어할 때."

갑자기 친구의 눈이 빛났다.

"뭐? 선배가? 그 고릴라가 어디 있는데? 서울대공원? 어린이대공원? 언제 갈까?"

아, 빠워 오브 러브. 사랑이란……

야, 이거 아침 드라마보다 재밌다

내가 여기에 누군가를 데려올 거라고는 진짜 상상도 못했다. 게다가 이 친구일 거라고는 더더욱…… 한동안 얼빠진 표정으로 양 검지를 들고 바라보던 친구가 내게 몸을 기대며 작은 소리로 말했다. 처음 내 표정도 분명 저랬겠지 싶어 웃음이 났다.

"야, 뭐야! 소원 들어주는 고릴라 보여준다며?"

"그래, 바로 여기야."

"너 이따 나가서 보자."

잠시 뒤 우리 또래로 보이는 한 여성이 꽤나 침울해 보이는 얼굴로 앞으로 걸어 나왔다.

의뢰인 "남자친구와 헤어지고 만나고를 반복하는데 너무 힘이 듭니다."

영감님 "지금 남자친구가 앞에 있다고 생각해 보세요. 의뢰인은 기분이 어떻습니까?"

의뢰인 "남자친구 얼굴만 떠올려도 너무 짜증이 나요. 왜 자꾸 제 주변을 맴도는지 모르겠어요."

영감님 "깨어나세요."

의뢰인이 양 검지를 들었다. 나도 같이 검지를 들었는데, 순간 헤어진 애인에 대한 미움이 꿈틀하고 올라오는 것이 느껴졌다. 다 정리했다고 생각했는데…… 나도 모르게 미간이 찌푸려졌다. 그때 영감님이 다시 말했다.

"깨어나세요."

영감님의 목소리를 따라 다시 검지를 들었다. 내 마음속에 그를 향한 원망과 분노가 들끓는 게 느껴졌다. 과연 이 감정도 내려놓을 수 있을까 하는 걱정에 검지를 들고서도 잠깐 딴생각에 잠겨 있었다. 아차, 이런 생각도 내려놓아야겠지. 다시 깊게 숨을 쉬었다. 양 검지를 다시 바라보았다. 올라오는 생각과 느낌에 집중했다. 아까는 그 애를 떠올리기만 해도 몸서리치게 싫더니, 문득 가벼워진 느낌이 들었다. 마음속으로 천천히 되뇌었다. 지금은 완전히 새로운 순간이다.

의뢰인 여성을 바라보니 그녀도 아까보다 한결 편안한 얼굴이었다.

영감님 "이것으로 장을 마치겠습니다. 잠시 쉬지요."

친구가 나에게 물었다.
"이거 진짜 뭐하는 거야? 깨어나기는 뭐고, 검지는 또 왜 드는 건데?"

예상은 했지만, 아…… 깨어 있음을 어떻게 설명해 줘야 할까? 사실은 나 역시 아직도 이해가 안 되는 부분이 많았다. 머리를 긁적이며 적당한 답을 찾고 있는데 친구가 목소리를 낮춘 채 물었다.

"솔직하게 대답해 줘. 검지를 들고 나서 잠시 뒤에 편안해진다니, 이거 연기 아니야?"

"연기는 아닌데……"

"상식적으로 말이 되냐고?"

친구의 얼굴에 의심의 먹구름이 짙게 드리워져 있었다.

"말로 설명하긴 어려운데…… 너도 한번 해보면 알 수도 있어!"

"그래? 흠……"

의심의 먹구름 사이로 호기심에 찬 눈동자가 반짝였다.

"그래, 너도 한번 해봐. 사실 그러라고 데려온 거니까."

"이거 말이야. 혹시 사람 말고 다른 거 물어봐도 되려나?"

"뭐든 상관없을 걸."

쉬는 시간이 끝나고 친구가 손을 번쩍 들었다. 긴장 때문인지 기대 때문인지, 앞으로 나가 영감님 옆에 앉은 친구의 얼굴이 상기되어 있었다.

친구 "저…… 진로 때문에 고민이 되는데 이런 거 말해도 되나요?"

영감님 "물론입니다."

친구 "제가 원하던 기업에 취직을 했는데, 막상 다니면서 보니 자꾸 '내가 하고 싶은 건 이게 아닌데'라는 생각이 들어서 괴로워요."

영감님 "깨어나세요. 깨어난다는 건 그 생각과 느낌을 내려놓는 겁니다. 양 검지를 들고 바라보세요."

친구가 흥미로운 표정으로 양 검지를 들고 바라보았다. 그 모습이 꽤나 귀여워서 나도 모르게 웃음이 나왔다.

영감님 "의뢰인, 지금은 어떤가요?"

친구 "사실 잘 모르겠어요…… 똑같은 거 같아요."

영감님 "깨어나세요."

잠시 뒤 양 검지를 들고 어쩔 줄 몰라 하던 친구의 표정이 처음보다 조금 편안해 보였다.

친구 "어? 몸의 느낌이 아까보다 훨씬 편안해요. 왜 이런 거죠?"

영감님 "긴장이 풀려서 그렇습니다. 다시 한 번 회사를 떠올려보세요."

친구 "음…… 사실 이 회사에서 제가 해볼 수 있는 게 많거든요. 회사가 제 적성에 안 맞는다고만 생각했는데, 좀 더 다녀보고 결정해도 될 것 같아요. 마음의 여유가 좀 생겼어요."

집으로 돌아가는 길, 친구가 완전 들떠서 말했다.

"이거 완전 신기하다. 처음엔 뭔가 싫었는데 앞에 나가서 검지를 계속 보고 있으니까 몸이 가벼워졌어. 뭐랄까, 뜨끈한 온탕에 앉아 있는 기분이라고 해야 하나?"

"거 봐, 내가 연기 아니라고 했잖아."

"그 선생님을 선배가 소개해 줬다고?"

"아니, 그게 어떻게 된 거냐면……"

나는 친구에게 사실 공공제약 최종에서 탈락했던 사실과, 그날 걸려온 네 전화 때문에 술을 마시러 나갔다가 우연히 영감님을 만나게 되었다는 이야기를 들려주었다. 선배와 영감님의 인연도 함께.

"우연치곤 너무 신기한데? 마치 미리 정해진 만남처럼 말이야!"

"그런가? 나는 너랑 다르게 처음엔 깨어나기가 너무 이상하게 느껴졌거든. 그래서 처음에는 두 번 다시 안 올 거라고 다짐했지. 선배가 아니었으면 다시 안 왔을 거야."

친구가 말없이 발끝만 보며 터벅터벅 걸었다. 생각에 잠긴 얼굴이라 굳이 말을 걸지 않았다. 얼마나 걸었을까, 한참 만에 친구가 입을 열었다.

"야, 부럽다!"

"뜬금없이 뭐가 부러워?"

"너랑 선배 말이야. 나도 취직 땜에 많이 힘들었는데, 왜 선배는 너한테만 이런 거 알려주냐?"

"에이, 내가 그날 우연히 선배 회사에 찾아갔다가 듣게 된 거라니까."

"그러니까 부럽다고. 넌 선배한테 아무 때나 찾아갈 수 있는 사이잖아. 난 긴장돼서 카톡 한 줄 보내는 것도 몇 시간이나 고민하는데……"

"뭘 그런 걸 가지고 긴장해? 그냥 아무 생각 없이 편하게 연락하고 그러면 되는…… 아!"

이거구나! 갑자기 우뚝 서서 손뼉을 짝 쳤다.

"왜 그래? 갑자기?"

놀란 친구의 얼굴을 보면서 혼자 씩 웃었다. 영감님이 말한 게 이런 거였구나. 나는 선배랑 아무 긴장이 없어서 편하게 잘 만나는데, 친구는 긴장이 있으니까 선배랑 오히려 더 편하게 못 보는구나. 생각과 느낌을 내려놓으라는 게 이런 뜻이었구나. 친구의 얼굴을 다시 바라보았다. 선배랑 친해지려면 그 긴장을 내려놓으라는 말을 어떻게 설명해야 할까?

근사한 저녁 식사

"참! 너 처음에 나한테 고릴라 보러 가자고 했잖아. 고릴라는 대체 뭐야?"

내 가방에 달린 고릴라 인형을 보고 갑자기 생각났다는 듯 친구가 물었다. 우리는 길가의 벤치에 걸터앉았다. 핸드폰으로 영감님이 지난번에 내게 보여준 그 영상을 틀어 친구에게 건넸다.

"자, 이 영상을 잘 봐."

친구가 영상을 뚫어져라 바라보았다. 30초의 침묵이 꽤나 길게 느껴졌다.

"열여섯 번! 열여섯 번 맞지?"

"맞아. 혹시 뭐 더 본 건 없어?"

"뭐가 더 있었어?"

"영상을 다시 잘 들여다봐. 숫자 세지 말고. 뭐가 보이는지 한번 잘 들여다봐."

다시 30초가 지났다. 5, 4, 3, 2, 1, 발사!

"이거 뭐야? 고릴라가 여기서 왜 나와?"

"내가 말했잖아. 고릴라 보여준다고."

"두 번째 영상이랑 첫 번째 영상이랑 다른 거지? 아까는 분명 없었는데!"

"아까도 분명히 있었거든요."

"진짜 있었다고? 그럼 내가 이걸 왜 못 봤지?"

"네가 숫자를 세면서도 고릴라를 볼 수 있으면, 선배랑 관계도 해결할 수 있어."

"고릴라랑 선배랑 무슨 상관인데?"

"크나큰 상관이 있지요~"

"뭔데, 뭔데?"

"맨입으로?"

"저녁 살게. 빨리 알려줘. 나 지금 장난 아니다!"

얘가 아는 식당이 여기밖에 없는 게 아닐까? 우리를 알아본 직원이 주문도 하기 전에 먼저 말을 꺼냈다.

"바질 파스타랑 샐러드 피자 맞으시죠?"

우리가 웃으면서 고개를 가볍게 끄덕였다. 직원이 잘 구워진 빵 한 접시를 들고 다시 우리 테이블로 왔다.

"자주 오셔서 서비스로 드리는 거예요. 테스트 중인 빵인데 한번 드셔보세요."

빵에 투명한 주황빛을 띠는 무언가가 콕콕 박혀 있었다. 무슨 빵인지 직원에게 물어볼까 하다가 문득 좋은 생각이 떠올랐다.

"우리 이 빵 무슨 빵인지 맞춰보자. 못 맞춘 사람이 저녁 사기! 콜?"

"오~ 좋아! 어차피 내가 내기로 했는데, 맞히면 저녁 값 굳는다 이거지?"

주황색이니까 당연히 당근이겠지. 천천히 씹어 맛을 봤다. 처음에는 별 맛이 느껴지지 않았는데 계속 씹다 보니 단맛이 살짝 느껴졌다. 당근이 이런 맛이었나? 그러고 보니 여태 당근이 어떤 맛인지도 제대로 몰랐다. 확실하진 않지만 주황색은 당근밖에 떠오르질 않았다. 맞은편의 친구 역시 아리송한 표정으로 줄곧 우물거리다가 입을 열었다.

"난 당근에 한 표!"

"엇, 나도 당근인데."

"주황색이 당근 말고 또 뭐가 있는지 모르겠어."

"그러게. 당근이 무슨 맛인지도 잘 모르겠어. 그동안 그렇게나 많이 먹었는데도."

마침 직원이 음식을 내왔다.

"주문하신 바질 파스타와 샐러드 피자 나왔습니다. 빵은 어떠셨어요?"

우리가 입을 모아 질문했다.

"빵에 박힌 게 뭐예요? 당근 맞죠?"

직원이 빙긋 웃었다.

"감이에요. 과일로 먹을 때와는 풍미가 다르죠?"

그 말을 듣고 다시 빵 맛을 보니 확실히 단맛이 아까보다 많이 느껴졌다. 감 특유의 떫은맛도 혀끝에 살짝 감도는 것 같았다. 기존의 인식이라는 것이 이렇게나 무섭구나. 다시 빵 맛을 보던 친구가 말했다.

"이상해."

"뭐가?"

"아까 뭔지 모르고 먹었을 때는 아무 맛도 안 났거든? 그런데 감이라는 말을 듣고 맛을 보니까 감 맛이 나."

"그게 바로 고릴라를 보는 법이야."

"고릴라를 보는 법?"

친구가 한 손에 빵을 들고 어리둥절한 표정으로 나를 쳐다봤다.

"방금 네가 말한 그대로야. 감이라는 말을 듣기 전에는 감인 줄 몰랐지?"

"그러게…… 지금 먹으니까 이렇게나 감 맛이 많이 나는데."

"그건 바로 네가 '감 맛'이라는 프레임을 갖고 있어서야. 나도 마찬가지고."

"감 맛 프레임?"

"우린 당근 맛도, 감 맛도 사실 몰라. 그냥 프레임을 갖고 있을 뿐이야. 당근 맛은 이렇다, 감 맛은 이렇다 하는 프레임 말이야. 그러니까 둘 다 감을 먹으면서도 당근이라고 했겠지."

"프레임……"

"프레임이 있으면, 있는 그대로가 아니라 프레임대로, 그러니까 자기 생각과 느낌대로 판단하게 돼. 진짜를 못 보게 된단 말이지. 선글라스 쓰면 세상이 다 시커멓게 보이잖아. 원래 세상은 그 색깔이 아닌데."

"그게 고릴라랑 무슨 상관인데?"

나는 핸드폰의 고릴라 영상을 다시 틀어 친구에게 건넸다.

"잘 봐. 고릴라는 분명히 여기 있었는데, 네가 못 본 거지."

"왜 못 봤을까?"

친구가 골똘히 생각에 잠겼다.

생각과 느낌을 내려놓을 것. 영감님이 말씀하신 것들이 조금씩 내 것이 되는 기분이었다. 파스타 역시 지난번과는 전혀 다르게 느껴졌다. 어느 때보다도 풍요로운 저녁 식사였다.

내 속엔 내가 너무도 많아서

"엥? 마인드리더십센터에 누구를 데려갔다고?"

오랜만에 선배를 만났다. 첫 월급 타면 밥 사겠다는 약속이 서로 바빠 몇 달이나 미뤄졌다. 선배는 흥미로운 얼굴로 내가 하는 이야기를 들었다. 간간이 웃기도 하고 고개를 끄덕이기도 하면서. 나는 조심스럽게 친구 얘기를 꺼냈다.

"선배, 걔가 고백했다면서요?"

"헉, 너 그거 어떻게 알았냐?"

"말도 마요. 새벽에 울며불며 전화 와서 얼마나 놀랐는데요. 근데 선배도 눈치 채고 있었죠?"

"그렇게 티를 내는데 모를 리가 있겠어? 근데 뭐…… 어차피 졸업하면 잘 못 볼 테니까 자연스럽게 멀어질 거라고 생각했어."

"많이 힘든가 봐요."

"야~ 나도 많이 힘들거든. 남 걱정할 입장이 아니야."

"선배는 또 왜요? 선배도 짝사랑 중이에요?"

선배가 내 얼굴을 빤히 바라보더니 웃으며 말했다.

"그러게. 나도 짝사랑 중인데 상대방이 전혀 눈치를 못 채네."

"뭐야? 나 빼고 다들 사랑 중인가? 전 앞으로 누구 좋아할 수나 있을지 모르겠어요, 하아."

"왜? 무슨 일인데?"

"영감님이 생각과 느낌을 내려놓으라고 하셨을 때요, 처음 들었을 때는 무슨 말인지 이해를 못했거든요. 근데 점점 '아, 이걸 말씀하시는 거구나' 하고 깨닫는 순간이 많아졌어요."

"이야~ 그건 축하할 일 아니야?"

"하아, 내려놓을 게 너무 많다는 게 문제죠. 처음엔 몇 개만 내려놓으면 될 줄 알았거든요. 근데 제가 갖고 있는 생각과 느낌이 엄청 많더라고요. 왜 전에는 몰랐을까…… 이걸 어떻게 다 끌어

안고 살았을까 싶을 정도로요. 노래 가사처럼 내 속엔 내가 너무 많아서 다른 사람을 제대로 볼 수나 있으려나 싶어요."

한숨이 푹 나왔다.

"전에 내가 너한테 '깨어나세요'가 '치트키'라고 했던 말 기억나? 모든 문제를 풀 수 있는 열쇠라고 했던 거."

"아, 기억나요. 그게 만병통치약이라도 되냐고 비꼬았던 것도요. 그땐 미안했어요."

"정확해. '깨어 있음' 기술은 만병통치약이야. 영감님이 '깨어 있음'을 왜 하는지 말씀해 주셨지?"

"네. 소원 이루려고 하는 게 아니라 몸이랑 마음이 편해지는 게 핵심이라고. 소원이 이루어지든 이루어지지 않든 몸이랑 마음에 긴장이 없는 상태에 이르고자 하는 거라고요."

"그래, 그게 핵심이야. 음…… 예를 들어보자. 너는 부장님한테 화나면 오른쪽 어깨가 굳고, 아버지 때문에 속상하면 왼쪽 어깨가 굳고, 사이 안 좋은 친구를 만나면 뒷목이 굳고 그래?"

"에이, 몸이 긴장되면 긴장되는 거지, 무슨 통증이 그렇게 디테일해요?"

"마음도 몸이랑 똑같은 거야."

"그럼 부장님한테 화나는 거랑 아버지 때문에 서운한 거랑 같은 거라고요?"

"그래. 네 몸과 마음에 긴장이 있는 거잖아. 부르는 이름이 다를 뿐이지. 화. 분노, 슬픔…… 이런 식으로."

"선배 말이 맞다 쳐요. 그러면 하나를 해결하면 나머지도 저절로 다 풀려야 되는 거 아니에요?"

"자. 잘 봐."

선배가 얼음이 가득한 잔에서 얼음 하나를 꺼내 접시 위로 옮겼다. 채 몇 분도 안 돼 얼음이 녹아 사라졌다.

"얼음이 어디 갔을까?"

"아, 뭐예요? 당연히 녹았죠. 여기 물이 생겼잖아요."

"그럼 다시 잘 봐."

선배가 얼음을 또 하나 꺼내서 접시 위로 옮긴 다음, 열을 세고 다시 잔으로 넣었다.

"왜 이번엔 얼음이 안 녹았을까?"

"그야 당연히 녹기 전에 선배가 다시 얼음물 속으로 집어넣었으니까요."

"얼음이 바로 네가 갖고 있는 몸과 마음의 긴장이야. 바깥에 내놓는다고 해서 바로 녹진 않지만, 시간이 지나면 사르르 녹아 없어지지."

"그럼 얼음을 다시 잔에 넣은 건 뭐예요? 다시 긴장 상태로 돌아갔다?"

"그렇지. 다른 긴장이 워낙 많기 때문에 금세 다시 얼어버린 거야. 그렇지만 여길 봐봐, 아까보다는 표면이 조금 녹았지?"

선배가 꺼냈다가 도로 집어넣은 얼음의 크기가 작아져 있었다. 선배가 이번엔 얼음이 녹은 접시 위의 물을 얼음이 가득한 잔에 따라 부었다.

"자, 얼음 한 개가 녹았다 치자. 전체에 미치는 영향이 아주 작겠지. 그렇지만 얼음이 두 개가 녹고 세 개가 녹고 하다 보면…… 언젠가는 이 잔의 얼음이 다 녹아버릴 거야, 한꺼번에."

나는 말없이 고개를 끄덕였다.

"얼음을 녹이는 기술, 이게 바로 깨어 있음이야. 그러니까 얼음이 백 개 건 이백 개건 걱정하지 마. 하나를 녹이는 데 집중해."

어느새 얼음이 가득하던 잔 바닥에 물이 흥건히 고여 있었다.

스스로

"금일 6시 회식. 전원 필참!!!"

부장이 팀원 전체에게 메신저를 보냈다.

으아! 오늘은 좀 일찍 퇴근해 볼까 싶었는데 하필 회식이라니. 옆자리 팀장님에게 메신저로 우는 얼굴의 이모티콘을 보냈더니, 팀장님은 꺼이꺼이 통곡하는 이모티콘을 보내왔다.

회식 자리에서 늘 부장과 최대한 멀찌감치 앉았는데 오늘은 어쩌다 보니 바로 옆에 앉게 됐다. 맞은편에 앉은 팀장님이 눈빛으로 '너 괜찮겠냐?'라고 걱정 가득 담긴 사인을 보내왔다. 가볍게 고개를 끄덕거렸다. 그때 부장이 내 어깨를 툭 쳤다.

"너 인마, 회식 와서 누가 빈 잔이야? 잔 안 채우냐?"

"죄송합니다. 지금 바로 채우겠습니다."

순간 부장이 시비를 건다는 생각에 왈칵 화가 났지만, 다행히도 그 순간 깊게 심호흡을 할 수 있었다. 화를 알아차리는 것만으로도 평소보다 화가 빨리 가라앉는 것 같았다. 그때 부장이 말했다.

"됐어, 됐어, 술맛도 모르는 애한테 뭔 술을 주냐? 최 팀장, 우리끼리 먹자. 넌 안주나 먹어."

나랑 팀장 둘 다 눈이 동그래졌다. 부장이 누군가? 한 사람도 안 빼놓고 주위의 모든 사람에게 술 먹이기로 유명해서 별명이 동서남북 아닌가? 아마 내가 최초 열외일 거다. 얼떨떨한 기분에 눈만 꿈뻑거리고 있는데 마침 친구에게 카톡이 왔다.

"야! 대박 사건! 퇴근했어?"

"아니…… 우리 또 회식."

"이 불금에 웬 회식? 그건 그렇고 진짜 대애~박!"

"뭔데?"

"나 다른 부서로 발령났지롱!"

"갑자기? 어디로?"

"마케팅!"

"너 원래 가고 싶어 했던 부서 아님? 완전 잘됐네! 근데 갑자기 부서 이동이 있었어?"

"마케팅부에 갑자기 공석이 생겼는데 이 몸이 가게 됐다는 거 아니냐! 얼마 전에 내가 기획안 낸 게 있는데 그걸 좋게 봤나봐. 그만둘까 말까 고민했는데 진짜 완전 신난다!"

"일이 풀리려니까 또 그렇게 풀리네. 축하!"

부장은 벌써 얼굴이 벌게진 채로 "나 때는 말야~" 레퍼토리를 또 한바탕 늘어놓고 있었다. 왠지 그 모습이 밉지가 않았다. 나도 얼마 전까지만 해도 얼마나 간절히 부서 이동을 꿈꿨던가? 여기만 아니면 어디든 좋다고 생각했는데, 과연 내가 다른 부서로, 다른 회사로 옮긴들 상황이 달라질 수 있을까? 아무것도 장담할 수 없다.

회식이 끝나고 집으로 오는 길에 문득 아버지 생각이 났다. 늦은 밤, 술 냄새를 풍기며 집으로 돌아오던 아버지가 참 싫었는데, 아버지도 이런 시간을 보냈겠지. 아버지에게 전화를 해볼까 하다 늦은 시간이라 문자를 보내는 게 낫겠다 싶었다. 평소 아버지와 연락도 거의 없는데다 간혹 연락할 땐 용건만 말하고 끝내는 경우가 대부분이라 뭐라고 문자를 보내야 할지 한참을 고심했다. 결국 "아버지, 안녕히 주무세요"라는 싱거운 한마디만 보내고 말았다.

운명을 뛰어넘어

"띠리리리 띠리리리."

전화벨 소리에 잠에서 깼다. 난 편히 잘 운명이 아닌가 보다. 아, 운명…… 이것도 깨어 있음 해야 하나……

더듬더듬 손으로 핸드폰을 찾았다.

"자나?"

응? 동생 목소리였다. 얘가 웬일이래?

"무슨 일 있어?"

"그냥 잠이 안 온다……"

"야! 나 오늘 회식해서 엄청 피곤하거든. 급한 거 아니면 내일 듣자."

"어, 그래. 미안 미안……"

전화를 끊었는데 왠지 동생의 힘없는 목소리가 신경 쓰여 결국 잠이 달아났다. 게다가 평소에 연락도 잘 하지 않던 애가 늦은 시간에 전화를 한 것이 더 신경 쓰였다. 결국 다시 동생에게 전화를 걸었다.

"왜 전화했어?"

"내가 잠 깨웠나 보네. 좀 답답해서……"

"술 먹었구만?"

"아니…… 그냥…… 앞으로 우째 살아야 될지 잘 모르겠다."

"취직 걱정 때문에?"

"취직도 걱정되긴 하지. 그냥 내 인생 전반적으로 다 걱정된다. 연애도 그렇고…… 오죽하면 타로까지 보고 왔다 아이가?"

"타로? 그런 거 안 믿는다더니 웬일이래?"

"일 잘 풀리고 내 인생에 자신 있을 때는 타로 같은 거 생각도 안 났지. 근데 어제 길 가는데 갑자기 타로집이 눈에 들어오더라고. 그냥 한번 봤다."

"뭐라던데?"

"올해는 뭐가 잘 안 되는 시기라던데. 공부도 그렇고, 연애도 그렇고…… 내년 되면 좀 나아진단다."

이거 어디서 많이 들어본 소린데? 나에게 올해는 뭘 해도 안될 거라던 사주 아줌마가 문득 떠올랐다. 운명이라는 게 정말 있긴 한 걸까? 운명 따위는 없는 것일까? 깨어 있음의 세계에서는 운명을 인정하지 않는 것일까? 아니면 운명을 뛰어넘는 것일까?

타로나 점, 별자리를 보러 다니는 친구들도 떠올랐다. 재미있는 사실은 '자기가 원하는 결과가 나올 때까지' 몇 번이고 타로나 점을 다시 보러 다닌다는 거였다. 친구들은 꽤 많은 돈을 쓰더라도 자기가 원하는 결과가 나오면 만족했다. 몇십만 원 정도는 쉽게 쓰는 친구들도 있었다. 원하는 결과라는 게 사실 뻔했다. 결국엔 잘될 거라는 소리였다. 그렇게 많은 돈을 쓰고 자기가 원하는 소리를 듣고 싶은 거라면, 그냥 그렇게 스스로 믿으면 되는 거 아닐까? 친구들은 결국 마음의 위안을 얻고 싶었는지도 모른다. "너의 미래는 괜찮을 거야"라는.

동생에게 깨어 있음 이야기를 해주려다가 "그래, 잘되겠지……" 하고 전화를 끊었다. 나도 잘 모르는데 누구를 설득하겠나 싶었다.

"선생님! 사주 말인데요……"

"자네, 또 사주를 보고 왔나?"

"아뇨, 제 동생이 타로를 봤다고 하는데…… 운명 말이에요. 그런 게 정말 있을까요?"

"운명이라…… 자넨 어떻게 생각하나?"

"저는 깨어 있음을 알기 전까지는 믿었죠. 몇 년 동안 구독하던 잡지가 있었는데, 구독했던 가장 큰 이유가 바로 거기 실린 별자리 운세 때문이었어요. 대체로 정확했거든요. 뜻밖의 돈이 들어오게 된다든지, 친구 관계가 소원해지니 조심하라든지…… 꽤 잘 맞더라고요!"

"별자리 운세에 뜻밖의 돈이 들어온다든가 친구 관계가 소원해진다는 말이 씌어 있는 걸 볼 때 어땠나?"

"좋은 말이 있으면 기대하게 되고, 나쁜 말이 있으면 괜히 좀 몸을 사리게 됐달까요? 친구한테 말이나 행동을 좀 더 조심하게 되고요."

"깨어 있음이 무엇이라고 했나?"

"몸과 마음이 편안한 거라고 하셨죠."

"마음은 언제 편하다고 했지?"

"음…… 현재에 있을 때요."

"자네가 좋아하던 별자리나 타로, 점을 보고 나면 마음이 어떻던가? 편안하던가?"

"마냥 편하진 않았죠. 늘 좋은 게 나오는 건 아니니까요."

"편하지 않다는 건, 깨어 있지 않다는 거지?"

"그렇다면 그때의 제 마음은…… 현재에 머무르지 않았다는 뜻이네요?"

"돈이 언제 들어오려나, 친구랑 무슨 일이 생기려나…… 온통 미래에 가 있는 생각 아닌가? 초점이 현재가 아닌 과거나 미래에 있을 때 고통스럽다는 걸 기억하게나."

영감님이 말을 이었다.

"타로와 점, 별자리는 새로운 상像을 만든다네. 깨어 있음은 이미 있는 상을 없애지. 상이 많을수록 자유롭겠나? 없을수록 자유롭겠나?"

"당연히 없을수록 자유롭겠죠!"

"자네가 물었지? 운명이 있냐고."

"네."

"운명이 있든 없든 그건 그리 중요한 게 아니네. 중요한 건 깨어 있느냐 그렇지 않느냐지. 그래도 자네가 대답을 원한다면 말해줌세. 운명 같은 건 없네."

영감님이 레드 카드 한 장을 내밀었다.

레드 카드

얼떨결에 카드를 받아들고 영감님을 바라보았다. 영감님이 물었다.

"무슨 생각이 드는가?"

"순간적으로 제가 뭘 잘못했나 싶은 생각이 드는데요."

"나는 단지 빨간색 카드를 자네에게 줬을 뿐인데?"

"레드 카드는 경고의 의미를 담고 있잖아요."

"자네는 지금 판단을 했네. '나는 경고를 받았다'라고 말이지. 판단을 한다는 것은 생각과 느낌, 즉 상像이 있다는 이야기일세. 레드 카드의 의미를 모르는 사람은 빨간 카드를 받고 나서도 별 생각이 없겠지?"

"그렇겠지요."

"상에는 두 가지가 있네. 바로 실상과 허상이라네."

"실상과 허상이요?"

"사실에 근거한 상이 실상이고, 사실이 아닌 생각과 느낌으로 만들어낸 상이 허상이지."

"그렇다면 '레드 카드를 받은 것'은 실상, '경고를 받았다'고 생각하는 것은 허상이겠네요?"

"그렇지. 허상은 주관적인 판단일세. 레드 카드의 의미를 모르는 사람은 '경고를 받았다'고 생각하지 않을 테니까 말일세. 그런데 바로 그 실상에 허상을 붙여 판단하는 것이 문제가 되지."

"그건 좀 이상한데요? 오히려 실상에 허상을 붙여 판단하지 못하는 것이 진짜 문제 아닌가요? 상대방은 분명히 '경고'의 의미로 레드 카드를 내밀었는데, 제가 그 의미를 해석하지 못하면 의사소통에 문제가 생기니까요."

"자네는 방금 '해석'이라는 표현을 썼네."

"네, 뭐가 잘못됐나요?"

"해석이라는 표현 역시 주관적인 판단일 뿐일세. 즉 허상이지."

"그러면 상대방이 어떤 의도를 품은 건지 제가 몰라도 된다는 말씀이세요? 그렇다면 사회 생활이 곤란하지 않을까요?"

"몰라도 된다는 말이 아닐세. 상대방이 어떤 의도를 갖고 있든지 자네가 관여할 필요가 없다는 말이지. 자네의 언어로 '해석'할 필요가 없다는 거네."

"좋아요. 그러면 레드 카드를 받고 나서도 '경고를 받았다'고 생각할 필요가 없다는 말씀이시죠?"

"경고를 받았다고 생각해도 좋네. 다만 경고를 받고 나서 마음에 불편한 생각과 느낌이 만들어지지 않으면 되네."

"선생님! 그건 정말로 말이 안 돼요. 상대방의 경고를 받고 나서도 제가 예전과 똑같이 행동한다면, 상대방은 저를 미워하거나 싫어할 거예요. 축구 경기라면 필드 밖으로 쫓아내 버릴지도 모른다고요."

"자네가 축구 선수라면 물론 경기 규칙을 숙지하고 있어야 하네. 레드 카드를 받았다면 자네의 플레이에 주의해야겠지. 내가 말하는 건 보편적인 삶에 관한 이야기라네. 상대방이 자네를 미워하든 싫어하든, 자기의 인생에서 내쫓아버리든 그게 자네와 무슨 상관인가?"

"아니, 관계에 문제가 생기는 건데 왜 상관이 없습니까? 그리고 어느 누가 미움을 받아도 괜찮다고 할까요?"

"미움받기를 자처하라는 말이 아니네. 미움받을 행동을 일부러 골라 하라는 말이 아니야. 상대방이 나를 미워하든 사랑하든 그건 전적으로 그 사람의 주관적인 판단, 즉 허상이라는 말일세. 상대방의 허상이 자네 인생에 그리도 중요한가?"

땡~ 머리를 한 방 얻어맞은 기분이었다. 평생을 누구의 맘에 들기 위해 안달복달하며 살아왔다. 어릴 때는 부모님의 맘에 들기 위해 애썼고, 누군가를 좋아하게 되면 상대방의 환심을 사려고 노력했다. 친구들과 사귀고 싶어서, 싫지만 애써 친구의 기분에 맞춰 행동한 적도 많았다. 사회에 나와서는 상사의 눈에 들려고 이렇게나 애쓰고 있지 않은가? 그런데…… 단지 그 사람의 생각과 느낌일 뿐이라고?

"선생님, 머리를 한 방 맞은 기분인데요, 그럼 결국 상대방의 허상에 저의 허상을 덧씌운 것에 불과하다는 말씀이네요?"

"바로 그렇다네. 인간 관계의 괴로움이 바로 거기서 시작되지.

시시각각 변하는 생각과 느낌에 괴로워하는 것이 인간이라네."

사람들이 나를 미워한다고 생각하면 그 생각만으로도 너무 마음이 아팠다. 신경 쓰지 않을 자신이 없었다.

"아, 그럼 어떡하죠? 생각을 안 할 수도 없고, 인간 관계를 다 끊고 혼자 살 수도 없고……"

"내가 전에도 얘기했듯이 인간은 본디 생각하고 느끼는 존재라네. 내려놓으라는 것은 '생각하지 말고 느끼지 말라'는 뜻이 아닐세. 생각과 느낌을 없애버리라는 말이 아니란 거지. 없애버릴 수도 없고 말이야."

말을 마친 영감님이 내 손등을 꽈악 꼬집었다.

"아얏! 갑자기 왜 꼬집으세요?"

"아픈가?"

"당연히 아프죠."

"지금도 아픈가?"

"아프긴 한데 아까보다는 덜 아픈 것 같네요."

"지금은 어떤가?"

"안 아픕니다."

"실상은 무언가?"

"선생님이 나를 꼬집은 거요."

"허상은 무언가?"

"손등이 아프다? 아닌데…… 손등은 분명히 아팠는데."

"생각과 느낌을 없애라는 게 아니라고 하지 않았나? 아픔의 강도를 1에서 10 사이의 숫자로 표현해 보게. 숫자가 높을수록 강도가 높은 것이네."

"음…… 3 정도?"

"좋네. 그 3의 강도는 지금 어디 갔나?"

"완전히 사라졌습니다."

"좋네. 그렇다면 이렇게 가정해 보게. 내가 자네를 무척 미워하고 늘 자네에게 부당한 대우를 해왔네. 그래서 자네는 내게 억울한 마음을 가지고 있어."

영감님이 나를 미워한다면 무척 슬플 것 같다는 기분이 들었다. 괜히 화도 났다. 그때 영감님이 다시 내 손등을 꼬집었다.

"아얏! 아까보다 더 아픈데요?"

"왜 아플까?"

"그야 선생님이 아까보다 더 세게 꼬집었으니까요. 저를 미워하는 마음을 가득 담아서요."

"나는 아까와 같은 강도로 꼬집었다네. 그런데 자네는 더 아프다고 느꼈지. 강도가 얼마라고 느껴졌나?"

"그럴 리가요? 8 정도로 느껴질 만큼 아팠는데요."

"그게 바로 '생각과 느낌의 허상'이네. 내가 내려놓으라고 하는 것은 8에서 3을 뺀 5를 내려놓으라고 하는 것이네. 생각과 느낌이 부풀리는 거품을 걷어내라는 것일세. 이해하겠나?"

"그럼 판단을 할 때는 생각과 느낌을 내려놓고 판단을 해야 실상에 가깝겠네요."

"그렇지. 깨어 있는 사람은 판단을 하되 실상으로 판단하고, 원초적 느낌만을 느낀다네. 그 반대로 깨어 있지 못한 사람은 판단을 하되 허상으로 판단하고, 원초적 느낌에 거품을 잔뜩 올린 부차적 느낌을 느끼지. 아까 자네가 손등이 훨씬 아프다고 느낀 것처럼 말일세."

성공의 열쇠

"레드 카드 이야기가 나온 김에 축구 얘기를 계속해 보지. 자네 축구 좋아하나?"

"잘하지는 못해도 보는 건 좋아합니다."

"축구를 보면 어떤 생각이 드나?"

"선수들의 신들린 듯한 플레이를 보면 진짜 대단하다 싶은데, 어떨 땐 답답할 때도 많아요. 눈에 뻔히 보이는 공을 선수들이 못 보고 있으니까요."

"내 자네에게 축구 잘하는 비결을 알려줄까? 이 비결만 터득하면 세계 최정상급 선수와 겨뤄도 손색이 없을 걸세."

"축구 잘하는 비결이요? 그저 죽어라 연습하는 거 아닌가요?"

"축구 선수라면 누구나 상당한 연습량을 소화하네. 그렇지만 똑같은 시간, 똑같은 방법으로 연습을 한다고 해서 똑같은 실력을 갖는 건 아니지."

"오! 그럼 정말 특별한 비결이 있나요?"

나는 귀가 솔깃해졌다.

"그건 바로 깨어 있음이라네."

내 기대가 오븐 안의 빵처럼 잔뜩 부풀었다가 맥이 탁 풀렸다.

"에이, 선생님, 축구에까지 깨어 있음을 적용하는 건 너무해요. 공 차느라 바쁜데 언제 검지를 보고 있어요? 언제 오감을 다 느껴요? 경기할 때 축구공 속도가 얼만지 아세요? 기본이 시속 110킬로미터라고요. 공 따라가는 것만 해도 멀미날 걸요."

"아까 자네가 축구 볼 때 답답하다고 했지? 선수들이 눈에 뻔히 보이는 공을 못 본다고."

"그거야 저는 TV나 핸드폰 화면으로 경기장 전체를 한눈에 다 볼 수 있으니까요."

"자네 말이 정답일세. 빠르게 공을 몰면서도 공뿐만 아니라 경기장 전체를 한눈에 보는 것, 이게 바로 축구 잘하는 비결이라네."

"말도 안 돼요. 그게 어떻게 가능해요?"

"자네가 아까 말하지 않았나? 신들린 플레이라고. 그게 바로 깨어 있음일세. 세계 최정상의 선수들은 축구를 할 때 공만 보지 않네. 그들은 공을 몰면서도 경기장 전체를 한눈에 보고 있다네."

"음…… 그럼 '축구공'이 바로 '생각과 느낌'에 해당될까요? 많은 선수들이 축구할 때 축구공 하나만 쫓아다닐 테니까요."

"그렇지. '축구공을 잡아야 한다'는 생각과 긴장을 내려놓으면, 축구공뿐만 아니라 넓은 경기장 전체가 보인다네. 고릴라를 보는 것과 같은 이치지."

"깨어 있음이 축구에도 적용될 줄은 몰랐어요."

"축구뿐이겠나? 시험 합격도, 취직도, 돈을 버는 것도, 연애에도 모두 적용된다네. 긴장을 내려놓으면 보이지 않던 것들이 비로소 보이게 되지."

"…… 그럼 결국 모든 것에 깨어 있으라는 말씀이잖아요. 그건 좀 곤란할 것 같은데요. 산 속에서 도 닦는 도인이면 가능할지도 모르겠지만……"

"내 말이 바로 그 말일세. 세상살이 모든 것에 깨어 있게나. 매

순간 깨어 있는 연습을 하게. 그게 바로 성공의 길이네."

"결국 스물네 시간 내내 깨어 있으라는 말씀이잖아요. 그걸 제가 어떻게 해요?"

"그럼 어떻게 자네는 스물네 시간 내내 생각과 느낌에 빠져서 살고 있나? 나는 그게 더 어려울 것 같은데."

"윽, 제대로 한 방 먹었네요."

경계를 인식하는 그 순간

"선생님, 저는 아직도 검지 바라보기가 잘 안 돼요. 양 검지를 동시에 바라보는 게 정말 가능한가요?"

"어렵지만 가능하네. 훈련이 안 되어 있을 뿐이지. 자네, 영화 보는 걸 좋아하나?"

"네, 아무리 바빠도 일주일에 한 번은 영화관에 꼭 가요! 커다란 스크린 속에 푹 빠진 느낌이 좋거든요."

"그렇군. 영화를 볼 때 자네는 자네 말대로 스크린 속에 푹 빠지네. 그런데 영화를 보면서 스크린의 경계를 인식해 본 적이 있는가?"

"스크린의 경계요? 네모난 테두리 말씀이세요?"

"그렇지."

"아뇨. 영화에 몰입하느라 그런 것까지 신경 써본 적은 없는데요."

"그게 바로 사람들이 세상을 보는 방식이네. 무엇 하나에 몰입하면 나머지 것들을 죄다 깡그리 잊어버리지. 영화를 볼 때도 종종 그게 영화라는 사실을 잊어버리지 않나?"

"네, 맞아요. 그럼 경계를 의식하면서 보면 좀 도움이 될까요?"

"당연하다마다. 전에도 말했지만 검지를 바라보는 것은 집중하는 동시에 집중하지 않는 것이네. 검지를 보는 동시에 검지의 경계를 인식하는 것이지."

나는 눈앞에 검지를 들었다. 검지의 경계라……

"선생님! 검지의 경계가 대체 뭐죠? 검지를 둘러싼 바깥을 말씀하시는 건가요?"

"검지와 검지를 둘러싼 바깥을 인식하고, 그 둘을 동시에 바라보게."

"검지를 둘러싼 바깥이라…… 설마 이 전부를 말씀하시는 건가요?"

"옳지, 바로 그걸세. 검지를 둘러싼 전부를 바라보게. 앞도, 옆도, 위도, 심지어 뒤도 말일세."

"결국 전부 다 보라는 말씀이었군요. 하아, 너무 어려운데요."

"처음엔 당연히 어렵게 느껴진다네. 영화에 푹 빠져 있는 자네에게 영화도 보면서, 동시에 스크린의 경계도 인식하라고 하면 얼마나 어렵게 느껴지겠나? 그렇지만 자꾸 반복하다 보면 영화와 동시에 스크린의 경계가 눈에 들어오겠지."

"음…… 그렇게 되면 영화가 단지 영화로만 느껴져서, 예전만큼 깊이 몰입할 수는 없을 것 같은데요. 영화 맛이 떨어진날까……"

"허허, 그 반대일세. 깨어 있는 채로 영화를 보면 영화 맛이 한층 깊어지지."

"정말요?"

"깨어 있지 않은 상태에서 영화를 보면 영화에 몰입이 되긴 하지만, 자기가 가지고 있는 상에 갇히네. 자네가 영화 볼 때를 한번 생각해 보게. 슬픈 장면이 나오면 여기저기서 훌쩍훌쩍 우는 소리가 들리지. 단지 영화 스토리 때문에 울겠는가? 바로 영화를 보면서 자신의 이야기가 더해지는 것이네. 관객들은 '맞아, 나도 저랬었지' 하고 스토리를 덧붙인다네. 사람들은 생각과 느낌을 더해 실제 영화보다 더욱 크게 슬픔을 느낀다네."

"그게 영화 보는 맛 아닐까요? 생각과 느낌을 더욱 진하게 느끼는 것?"

"과연 그럴까? 깨어서 영화를 보면 모든 장면이 새롭네. 영화를 한번 제대로 음미해 보게. 그동안의 것과는 전혀 다른 차원일 걸세."

"이미 봤던 영화라도요?"

"'이미'가 어디 있는가? 매순간 새롭네. 오직 현재, 지금 이 순간뿐이라네."

"영화를 보며 스크린의 경계를 인식하는 연습을 하면 감정의 경계를 인식하는 연습도 할 수 있겠군요."

"그렇지. 생각과 느낌이 올라올 때 사람들은 그것을 객관화하지 못하고 그저 거기에 푹 빠져버리네. 자기 자신과 동일시해 버리지. 빠져버리지 않으려면 한 발 떨어져서 생각과 느낌의 경계를 보아야 해. 분노의 경계, 슬픔의 경계, 기쁨의 경계. 모든 것들의 경계를 바라보게. 그게 바로 깨어 있음의 시작이네. 내가 자네에게 마우스를 준 이유도 그것이네."

"선생님, 깨어 있음을 연습하기 시작한 후로는 누군가를 미워하는 마음이 들다가도, 아차, 내가 미움에 빠져 있구나, 하고 알아차리는 것까지는 됩니다. 그렇다면 알아차리는 순간이 바로 선생님이 말씀하신 '감정의 경계'일까요?"

"그건 아닐세. 미움을 깊은 연못에 한번 비유해 보겠네. 미움에 완전히 빠져 있는 상태는 연못 한가운데 빠져 허우적거리는 상태이지."

"그렇다면 미움에 빠져 있는 자신을 알아차리는 순간은……"

"여전히 연못에 빠진 상태이지만 한가운데서 어느 정도 벗어나 있는 거지."

"그럼 경계를 인식하는 것은 연못에서 완전히 빠져나온 상태를 의미하나요?"

"정확하네. 경계를 인식하는 순간 그 미움의 감정이 사라지기 때문이지."

"꼭 경계를 인식하지 않더라도 시간이 지나면 사라지는 감정도 있는 것 아닌가요? 예전에 친구 때문에 무척 속상했던 적이 있었는데, 지금 떠올리면 아무렇지도 않아요."

"모든 감정은 시간이 지나면 사라지네. 그렇지만 시간이 지나도 여전히 남는, 오히려 또렷해지는 감정도 있지."

"연못에 비유하면 시간이 지나도 물이 마르지 않는 거랑 같군요. 자꾸 옛일을 되새기면서 떠올리고 속상해하니까 그 물이 마르지 않는 거죠."

"잘 이해했구먼. 미움이라는 테두리 밖으로 나오면 미움은 자동으로 소멸되네. 올라오는 감정의 경계를 인식하고 완전히 사라지게끔 하는 것이 바로 깨어 있음의 기술이라네."

바다만큼 큰 물고기

심장이 쿵하고 내려앉는 기분이다.

메신저의 '오늘 생일인 친구'란은 매일 누군가의 생일로 채워진다. 누군가의 생일을 기억하지 못할 정도로, 심지어는 본인의 생일조차 잊을 정도로 바쁜 사람들을 대신해 제공하는 서비스이다. 그래서 삶이 더 나아졌는지 나빠졌는지는 모르겠지만, 지금 확실한 건 오늘의 내 삶은 더 나빠졌다는 거다. 망할.

아침에 일어나 습관처럼 핸드폰을 켰다. 날씨를 확인하고 유튜브도 좀 보고 메신저를 켰는데, '오늘 생일인 친구'란에 헤어진 애인의 이름이 떴다. 아, 그래, 오늘이 생일이었지. 프로필 사진 속의 얼굴은 뭐가 그렇게 좋은지 활짝 웃고 있다. 그리고······ 활짝 웃는 얼굴 옆에 누군가가 있다.

잠이 확 달아났다. 아니, 헤어진 지 얼마나 됐다고 벌써 새 애인이야? 놀란 마음으로 프로필 사진을 확대해 보니 그 애의 행복한 얼굴이 더 행복해 보였다. 얄미워서 분통이 터졌다. 이 마음이 무슨 마음인지 도통 모르겠어서 나 자신에게 더 분통이 터졌다. 취직 준비에 지쳐 헤어지자고 한 것도 나였고, 헤어지고 나서 연락 온 그 애를 매몰차게 거절한 것도 나였다. 그런데 지금 이 마음은 뭘까? 속이 시끄러웠다. 거대한 불덩어리가 내 머리부터 발끝까지 이리저리 헤집고 다녔다.

생각과 느낌을 내려놓으라는 영감님의 말이 모두 의미 없이 느껴졌다. 애당초 생각과 느낌은 내가 어떻게 해볼 수 있는 대상이 아니었다. 영감님이 생각과 느낌을 '내려놓으라'고 했을 때는, 생각과 느낌이 손에 쥔 탁구공처럼 내가 어찌 해볼 수 있는 거라고 여겼다. 발에 닿는 축구공처럼 내가 몰고 갈 수 있을 거라고 여겼다. 철저한 착각이었다. 생각과 느낌은 바닥을 가늠할 수 없는 시커먼 바다이고, 나는 그저 거기에 빠져 허우적거리는 한 마리 물고기일 뿐. 그 거대한 바다를 내려놓을 수 있다고, 벗어날 수 있다고 믿었던 내가 오만했다.

괴로움이 일주일을 넘게 갔다. 눈뜨자마자 시작해서 잠들 때까지, 심지어는 꿈에서도 줄곧 나를 괴롭히는 지긋지긋한 분노와 함께.

이럴 때마다 나는 늘 도망 다녔다. 하기 싫어도 자꾸만 떠오르는 생각, 불편한 감정과 느낌을 피해서. 밤새 미드 시즌 1부터 3까지 정주행을 하거나, 친구를 만나거나, 시끄럽고 사람들이 붐비는 곳을 찾아다녔다. 다른 것에 집중하는 동안에는 모른 척하고 싶었던 불편한 그 생각과 감정이 사라진 기분이 들기도 했다.

그렇지만 결국 혼자 있을 때면 그것들이 다시금 슬그머니 내 안에서 고개를 내밀었다. 마치 나를 놀리는 것처럼. 그러면 나는 또 더 센 자극을 찾았다. 몸이 녹초가 될 때까지 밖을 돌아다니거나 하루 종일 핸드폰으로 쇼핑을 했다. 유튜브도 실컷 봤다. 그런 하루의 끝에는 허탈감이 몰려왔다. 내가 뭘 한지도 모르겠고, 뭘 해야 하는지도 알 수 없었다. 그렇게 직면하지 못한 생각과 감정 들이 내 안에 차곡차곡 쌓였다.

문득 영감님과 얼마 전에 나눈 대화가 떠올랐다.

"선생님, 깨어나기로 내려놓지 못하는 생각과 느낌은 없는 건가요? 아무리 검지를 바라봐도 '아, 이건 너무 힘들어서 내가 못할 것 같은데' 하고 묵직한 긴장이 계속될 때가 있어요. 아무리 깨어나기를 시도해도 제가 해결할 수 없을 것 같고요."

"깨어나기를 하면 반드시 생각과 긴장이 사라지네."

"그런데 저는 왜 안 되는 것 같죠?"

"세상에 더하지 못하는 숫자가 있던가? 100자리, 1,000자리의 숫자인들 더하지 못하겠나? 시간이 오래 걸릴 뿐이지."

세상에 더하지 못할 숫자는 없다…… 이 말을 마음속으로 오래오래 되뇌었다. 세상에 내려놓지 못할 생각과 느낌은 없다. 세상에 내려놓지 못할 고통 또한 없다. 내 안의 무언가가 '그래도 안 되는 건 안 되지'라고 속삭였다. 그렇지만 내 안을 미친개처럼 뛰어다니던 불길이 잠깐 멈춰선 기분이 들었다.

이렇게 하염없이 누워 있다가는 감정에 또 항복할 것만 같아서 공원으로 나왔다. 코끝을 스치는 상쾌한 공기에 날서 있던 마음이 누그러들었다. 눈앞으로 탁 트인 잔디밭이 펼쳐져 있었다. 후우~ 숨을 깊게 들이마셨다 내쉬었다. 주말이라 그런지 놀러 나온 가족들이 군데군데 눈에 띄었다. 잔디밭 위를 뛰거나 뒹굴면서 마구 웃는 천진난만한 아이들의 웃음소리가 이름 모를 새소리와 한데 섞여서 들렸다.

그래, 내려놓음은 지금 가지고 있는 감정을 내다버리는 게 아니라고 했어. 그저 다른 감각을 열고 주의를 기울이라고 했지. 왜 이렇게 오래 분노하는지, 그건 이제 생각하지 않기로 했다. 늘 앉던 그 벤치에 앉았다. 이 자리에 벌렁 누워 취직 문제로 힘들어하던 그날이 떠올라서 픽 웃음이 났다. 그래, 한번 해보자.

감각을 열려고 애썼다. 천천히 숨을 들이쉬고 내쉬면서 눈과 코와 귀에 닿는 것들을 감지했다. 감각을 한꺼번에 인지하는 게 어려웠다. 감각들은 아무 문제 없이 동시에 작동되고 있는데 말이다. 시야에 들어오는 푸른 잔디밭, 코에 닿는 솔잎 향기, 아이들의 웃음소리와 새소리와 공원 곳곳에 설치된 스피커에서 흘러나오는 음악 소리, 발끝에 느껴지는 푹신한 잔디의 감촉……

주머니에서 사탕 하나를 꺼내 입에 넣었다. 순간 단맛이 입안에 확 퍼졌다. 단맛을 느끼는 순간, 나머지 감각들은 인지할 새도 없이 놓쳐버렸다. 영감님이 말한 깨어 있음이 과연 가능하긴 한 걸까? 벤치에서 일어나 공원을 천천히 걸었다.

달을 품는 밤

"선생님, 말씀드릴 게 있어요."
"뭔가? 말해보게."
"그동안 선생님을 만나서 깨어 있음이 무엇인지, 어떻게 하면 내려놓을 수 있는지 배웠습니다. 정말 감사하게 생각합니다."
"그래, 좀 진전이 있었는가?"
"선생님도 알고 계셨죠? 저는 별 가망이 없다는 거…… 이제 이곳에 그만 오려고요."

담담하게 말씀드렸는데 왠지 모르게 눈물이 핑 돌았다. 내가 이렇게까지 깨어 있음에 대한 갈망이 컸었나? 나 스스로도 놀랐다.

영감님이 말없이 창밖을 내다보았다. 창밖이 어두컴컴했다. 시간이 얼마나 흘렀을까, 영감님의 목소리가 침묵을 깼다.

"자네가 깨어 있음이 안 되는 것은 당연하네."

입술을 꽉 깨물었다. 그동안 혼자서 검지를 들고 애쓰던 내 모습이 측은하게 느껴졌다.

"자네만 깨어 있음이 안 되는 것이 아니네. 깨어 있음은 사실 불가능하네."

"…… 네?"

입이 딱 벌어졌다. 영감님은 여전히 창밖에 시선을 둔 채로 말을 이었다.

"내가 자네에게 영화관에서 스크린의 경계를 보라고 했던 말을 기억하는가? 실제로 해본 적 있나?"

"실은 못했습니다. 희한하게 영화를 보기 전까지는 꼭 경계를 보겠다고 다짐하는데, 영화를 보다 보면 저도 모르게 영화에 빠져버려서 그만……"

"자네가 해보면 알겠지만 영화를 보면서 동시에 경계를 보기란 사실 불가능하네."

잠깐 무거운 침묵이 감돌았다. 그러면 그동안 왜 그렇게 영감님은 나에게 내려놓으라고, 깨어 있으라고 하셨던 걸까? 지독한 허탈감과 함께 씁쓸함이 느껴졌다. 배신감마저 들었다.

"선생님, 그럼 왜 저한테 깨어 있음에 대해서 알려주셨어요? 처음부터 불가능한 거라면요."

눈물이 떨어질 것 같아서 울지 않으려고 눈을 몇 차례 크게 깜빡였다. 어지러웠다. 영감님이 내 쪽으로 몸을 돌렸다.

"깨어 있음의 세계가 있다는 것을 자네에게 알려주기 위해서였네. 이리 곁으로 와서 저 달을 보게."

달이 환한 빛을 내뿜고 있었다. 나는 영감님 옆에 서서 달을 올려다보았다.

"인간이 달에 가 닿기 전에는 아무도 달에 갈 수 있다고 생각하지 못했지. 아주 오랜 세월 동안 인류는 달을 그저 신적인 숭배의 대상으로 여겼어. 도전의 대상으로는 아무도 생각하지 못했다네."

"그렇지만 인류는 마침내 달에 갔고 발자국을 남겼죠."

나와 같은 누군가가 저곳에 발을 디뎠다는 사실이 새삼 믿기지 않았다.

"깨어 있음의 세계도 그런 것이라네."

"네? 그럼 완전히 불가능은 아니라는 말씀이세요?"

영감님이 고개를 가만히 끄덕였다.

"깨어 있음이란 불가능에 가까울 정도로 어렵다네. 인류가 발을 내딛기 전의 달처럼 말일세. 그렇지만 분명히 존재하지."

우리는 한참동안 하늘에 떠 있는 달을 바라보았다. 달은 아까보다 더욱 환한 빛을 내는 것 같았다. 영감님이 조용히 말했다.

"깨어 있음이란…… 평생을 걸고 시도해 볼 만한 가치가 있는 것이라네. 나 역시 평생을 걸었지."

"저도 노력하면 달에 갈 수 있을까요?"

"그건 아무도 장담할 수 없다네. 자네가 평생을 건다 해도 달에 갈 수 없을지도 모르지. 아니, 달에 가지 못할 확률이 매우 크네."

영감님의 말이 무척 냉정하게 느껴졌다.

"그러면…… 그 사람의 일생은 얼마나 허무할까요? 평생 달만 바라보며 달에 갈 날을 꿈꿔 왔는데…… 저는 아예 도전하지 않는 편이 나을 수도 있겠습니다."

"달에 가지 못하면 실망스럽겠지. 그렇지만 가지 못한다고 그동안의 노력이 의미가 없는 건 아닐세."

"실망뿐일까요? 무슨 말씀을 하시려는지는 잘 알겠어요. 그렇지만 달에 가지 못하면 그 사람이 얼마나 애를 썼건 간에 그냥 달에 가지 못한 겁니다. 회사에서 부장님이 늘 하는 말이 있어요. '잘하는 게 중요하다. 네가 얼마나 노력을 했건 나는 상관 안 한다'라고요."

"자네에게 묻겠네. 그것은 실상인가 허상인가?"

"…… 허상입니다."

"무엇을 선택하든 그건 자네의 자유일세. 그렇지만 나는 달을 향해 내딛는 그 한 걸음 한 걸음이 값지다고 생각하네. 설령 달에 닿지 못한다고 해도 말일세. 자네가 한 걸음 내딛으면 달에 한 걸음 가까워진다네. 이것은 실상인가 허상인가?"

"실상입니다."

"아주 옛날부터 많은 사람들이 인생을 무언가에 빗대어 표현해 왔지. 인생을 '이미 씌어 있는 한 권의 책'이라고 말한 이도 있고, '한 치 앞이 보이지 않는 캄캄한 바다'라고 노래한 이도 있다네. 그저 '봄날에 잠깐 꾸는 한 자락의 꿈'이라 한 이도 있고 말일세. 인생이 무엇인지는 아무도 모르네. 그렇지만 명백한 사실은, 매순간 우리의 인생은 시간과 함께 흐르고 있다는 것이지. 이것은 아무도 부정할 수 없는 사실이라네."

"네, 맞습니다. 인생을 흐르는 강물에 비유한 이도 있었죠."

"자네는 어디에 있나? 강물처럼 어디론가 흐르고 있는가? 불빛 하나 없는 캄캄한 바다를 헤매고 있는가? 아니면 나른한 봄날의 단잠에 취해 있는가?"

"제 인생이요……? 실은 한 번도 생각해 보지 않았네요. 정확히는 생각할 겨를이 없었어요. 그저 무언가를 좇아가기에 바빴거든요. 학교를 다닐 땐 늘 다음 시험을 준비하느라 바빴고요. 대학을 가고 나니 취직을 하려면 유학도 다녀오고 자격증도 따야 한다고 하고, 취업을 하고 나니 승진 시험이 저를 기다리고 있고. 앞으로 또 뭐가 있을지 몰라요. 저는 앞이 보이지 않는 캄캄한 바다에서 열심히 노를 젓는 바보일까요? 어디론가 열심히 가고 있지만 어디로 가고 있는지, 어디로 가야 할지 모르겠어요."

영원히 모른 척하고 싶었던, 내 마음속 가장 깊은 곳에 묻어두었던 상자의 뚜껑이 열린 기분이었다. 크기를 가늠할 수 없는 슬픔이 높은 파도처럼 밀려왔다.

"컴컴한 바다에서 길을 잃지 않는 법을 아는가? 바로 머리 위에 펼쳐진 지도를 들여다보는 것이었다네. 뱃사람들은 북극성을 보고 북쪽이 어디인지 파악한 다음 원하는 방향으로 배를 몰 수 있었지. 자네도 지도를 보게."

"저에게는 지도가 없는데요. 제 의지와 무관하게 지도 한 장 없이 배에 올라탔고, 그 배는 어딘가를 정처 없이 헤매고 있을 뿐인걸요."

"왜 지도가 없나? 바로 저기 있지 않은가?"

영감님이 손끝으로 달을 가리켰다.

"달……이요?"

"자네가 말했지. 달에 닿지 않으면 달을 향해 가는 걸음은 소용없는 것이라고. 북극성을 보며 밤바다를 항해하던 이들도 자네와 마찬가지 입장 아니었을까? 북극성을 보며 그저 노를 저은 것이지. 목적지에 도착하길 고대하면서. 노에서 손을 놓은 채 흘러가는 물살에 몸을 맡겨도 되네. 그저 아무 목적지 없이 노를 저어도 되고. 그 편이 행복하다면 말일세. 인생이란 저마다 다른 것이니까. 그렇지만 자네가 행복하지 않다면, 어디로 향할지 몰라 불안하고 답답하다면, 노를 쥐고 북극성을 따르는 편이 좋지 않겠나? 설령 달에 가 닿지 못하더라도 최소한 내가 어디로 가야 하는지 알 수 있다면, 평생 달을 향해 나아가는 것만으로도 나는 충분히 가치 있다고 생각하네."

나는 하늘의 달을 다시 바라보았다. 달이 내 품으로 쏙 들어온 느낌이 들었다. 가슴께에서 온기가 느껴졌다. 달이 아까보다 더욱 환한 빛을 내뿜었다.

원숭이 꽃신

으어, 시원하다. 따뜻한 탕에 몸을 담그니 찌뿌듯한 몸이 싹 풀리는 기분이었다. 눈을 감고 온몸을 감싸는 온기에 나른하게 취해 있는데 내 볼에 차가운 뭔가가 닿았다.

"엇 차거! 깜짝이야."

바나나 우유를 양 손에 하나씩 든 친구가 빙긋 웃고 있었다.

탕 안에 몸을 푹 담그고 친구가 건넨 바나나 우유를 마셨다. 목욕탕엔 우리 둘 빼고 아무도 없어서, 탕 속에서 물이 퐁퐁 솟아오르는 소리만 규칙적으로 들렸다. 고요한 침묵을 깨고 친구가 말했다.

"있잖아. 너랑 이렇게 친구가 될 수 있을지 몰랐어. 실은 늘 내가 너보다 부족하다고 생각했거든. 그래서 네 앞에서는 지기 싫어서 더 많이 잘난 척하고 그랬던 거 같아. 미안."

갑작스런 친구의 고백이 당황스러웠지만. 긴장이 풀려서 그런지 감춰뒀던 속내가 술술 풀려나왔다.

"나도 마찬가지데 뭐. 난 내가 조건을 충족하지 못하면 사람들이 나를 싫어할까봐, 사랑받지 못할까봐 늘 두려웠어. 어렸을 때부터 그랬어. 1등 안 하면 부모님이 날 싫어할까봐 악착같이 공부에 매달렸던 거고. 네가 나 깎아내리는 말 할 때마다 속으로 너무 싫었지만, 그래도 겉으론 웃었지."

"공공제약에 나만 붙었을 때도 사실 얼마나 좋았게? 네 실망한 얼굴 보고 싶어서 안달 나서 합격하자마자 너한테 제일 먼저 전화한 거야. 완전 유치하지?"

"됐네요. 나 이제 공공제약에 아무 미련 없거든. 그냥 다 거기가 좋다고 하니까 거기 들어가면 부모님이 날 좋아하시겠지, 친구들도 추켜세워 주겠지, 그런 마음밖에 없었어. 나도 붙었으면 너랑 똑같이 굴었을걸. 네가 선배 말 듣고 공공제약에 갔다고 했을 때 내가 막 놀렸잖아, 사실은 너랑 별반 다를 거 없지 뭐."

"그때 왜 식당에서 네가 꺼냈던 프레임이라는 말 있잖아. 프레임 때문에 보고 싶은 대로 보는 거라고 했었나……?"

"응, 그랬지."

"좀 생각해 봤는데 그냥 보고 싶은 대로 보고 살면 안 되는 건가, 이런 생각도 들더라."

"나도 마찬가지야. 그냥 지금까지 보고 싶은 대로 보고, 생각하고 싶은 대로 생각하고 그렇게 살았는데…… 이제 와서 뭘 바꾸나 싶고, 바꾸려고 해도 엄두가 안 나니까…… 뭐부터 해야 될지도 모르겠더라. 으……"

"그렇게 힘든데 넌 왜 바꾸고 싶은 건데?"

"달에 갈 수 있대."

영감님과 나란히 창가에 서서 달을 봤던 그날 밤을 떠올렸다. 친구 눈이 동그래졌다.

"달이라고?"

"실은 갈 수 있을지 없을지도 몰라."

"그 영감님이 그래? 깨어 있음인가 그거 하면 달에 갈 수 있다고? 너 지금이라도 그만하는 게 좋을 것 같아."

말을 마친 친구가 한동안 아랫입술을 잘근잘근 씹더니 조심스럽게 말을 이었다.

"너 '원숭이 꽃신'이라는 동화 알아?"

"원숭이 꽃신? 어렸을 때 동화책에서 봤던 것 같은데?"

"동화 내용이 이래. 원래 원숭이는 발바닥이 딱딱해서 신발이 필요 없어. 근데 오소리가 원숭이한테 꽃신을 공짜로 줘. 처음엔 당연히 원숭이가 필요 없다고 안 신지. 근데 막 공짜로 계속 갖다주니까 꽃신을 신고 다니기 시작해. 점점 원숭이 발바닥은 말랑말랑해지고, 나중에는 신발을 안 신으면 안 되는 거야. 그래서 나중에 원숭이는 오소리에게 아주 비싼 값을 주고 꽃신을 사 신을 수밖에 없게 돼, 평생."

"네 말은…… 깨어 있음도 원숭이 꽃신 같은 거다?"

"그렇지 않을까? 지금 살아가는 사람들 중에 깨어 있음에 대해 아는 사람이 얼마나 될까? 아주 적을 거야. 실천하는 사람은 더 적을 거고. 깨어 있음이 사람이 살아가는 데 꼭 필요한 요소였다면 평생 모르고 살 수 없을 거야. 깨어 있음이 많은 이들에게 알려지지 않은 이유는 어쩌면 그게 원숭이 꽃신 같은 거여서 그런 게 아닐까? 영감님은 너에게 깨어 있는 상태에 있으면 삶에 문제가 없다고 했겠지만, 문제가 있으면 좀 어때? 원숭이는 원래 발바닥이 아파도 참고 살아가는 거야. 꽃신을 신고 인생의 문제를 회피하다 보면 제대로 된 인간으로 성장하기 어렵다고 생각해."

원숭이 꽃신 이야기를 들은 영감님이 수염을 길게 쓰다듬었다.

"자네는 어떻게 생각하나?"

"그날 친구의 물음에 대답을 못했어요. 뭐가 정답인지 모르겠더라고요. 깨어 있음은 불필요한 생각과 느낌을 내려놓고 행복해지는 것이라고만 알고 있었는데, 친구의 말을 들으니 그런 긴장도 인간에게 꼭 필요한 게 아닐까 하는 생각도 들었고요. 하아…… 어렵습니다."

"자네가 지금 꽃신을 신고 있다면 벗을 용기가 있는가?"

순간 발바닥이 간지러운 느낌이 들었다. 영감님이 다시 물었다.

"꽃신을 벗고, 다시 땅바닥에 발을 찢길 각오가 돼 있느냔 말일세."

"선생님 말씀은…… 그럼 깨어 있기를 하지 말고, 생각과 느낌에 다시 빠져야 한다는 말씀이세요?"

"정확히 그 반대일세. 원숭이 꽃신은 깨어 있음이 아니라 자네를 휘감고 있는 생각과 느낌일세. 늘 해오던 생각과 느낌은 익숙하고 편하고 푹신푹신하지 않은가? 생각과 느낌은 자네를 철저히 보호하지."

"그 반대라고요? 그렇지만 맨바닥은 딱딱하고 고통스럽잖아요. 깨어 있음은 고통으로부터 우리를 해방시켜 주는 게 아니었나요?"

"맨바닥이 딱딱하고 고통스럽다는 것은 실상인가, 허상인가?"

아, 실상과 허상! 이 둘은 햄버거 콜라 세트처럼 늘 붙어다니는구나.

"실상은 맨바닥이 딱딱하다는 것이고, 허상은 고통스럽다는 생각이겠죠?"

"그 허상은 누구의 것인가? 맨바닥을 누비는 원숭이의 것인가? 꽃신을 신고 있는 원숭이의 것인가?"

"꽃신을 신고 있는 원숭이의 것이죠."

"깨어 있음은 꽃신을 벗고 딛는 맨바닥일세. 머리로 생각하기엔 차갑고 딱딱하고 축축하지. 신을 벗기도 전에 발이 찢기는 고통을 느끼네. 그렇지만 맨바닥을 누비는 원숭이들이 과연 바닥이 딱딱하다고 고통스러워할까?"

영감님이 계속 말을 이었다.

"오히려 고통스러워하는 건 꽃신을 신은 원숭이들이네. 얼핏 생각하면 꽃신이 원숭이를 보호하는 것 같지만, 꽃신을 신고 있는 내내 원숭이들은 두려움에 사로잡혀 있지. 맨바닥은 너무 차가울 거야, 축축할 거야, 딱딱할 거야, 신이 없어지면 큰일 날 거야. 한마디로 자유롭지 않은 걸세. 이런 고통이 원숭이를

'성장'시키나?"

꽃신을 신은 원숭이와 맨발로 정글을 신나게 활보하는 원숭이를 머릿속에 떠올려보았다. 어느 누가 봐도 신나는 건 맨발의 원숭이겠지. 영감님이 재차 질문했다.

"맨발로 바닥을 누비는 원숭이들이 자유롭겠나, 꽃신을 신고 걷는 원숭이들이 자유롭겠나?"

"그야 당연히 맨발로 바닥을 누비는 원숭이들이죠."

"많은 현대인들이 착각하네. 고통이 클수록 성장한다고 말이네. 얻는 것도 많다고 생각하지. 'No pain, no gain'이라는 말도 마찬가질세. 그들은 성장의 의미를 완전히 잘못 이해하고 있네. 전에 내가 고통은 무엇이라고 했는지 기억하나?"

"고통은 깨어 있지 않을 때 생긴다고 하셨어요."

"그래, 정확하네. 고통 속에서 뭔가를 얻을 수 있다고 착각하는 사람들은 깨어 있지 않은 상태에서 생각하는 것일 뿐일세. 고통은 그냥 고통일 뿐이지. 고통 속에서 얻을 수 있는 것은 아무것도 없네."

"선생님, 그렇다면 성장하고 싶다면 어떻게 해야 하나요?"

"지금 이 순간에도 우리는 성장하고 있네. 아주 자연스러운 방식으로 말이지."

"정말요?"

"인간은 동물이네. 동물은 움직이는 속성이 있지. 인간은 끊임없이 늘 움직이고 있다네."

"어디로요?"

"무언가를 창조하는 방향으로 움직인다네."

"헉! 창조요? 천지 창조처럼 하늘과 땅을 만들고 세상을 뒤엎고…… 이런 걸 말씀하시는 건가요?"

"창조라고 하면 꽤나 거창하게 들리지만, 생명의 본성 자체가 바로 창조라네. 생명은 끊임없이 뭔가를 만들어내지. 시를 쓰고, 그림을 그리고, 음악을 짓고, 요리를 만들고…… 이 모두가 인간의 본성이라네."

"에이…… 선생님이 말씀하신 창조는 누구에게나 해당되는 건 아닌 것 같아요. 타고난 재능도 필요하고, 감각도 있어야 하고요. 창작의 고통이라는 말이 괜히 있겠어요? 그만큼 쉽지 않다는 얘기죠."

"인간의 본성 자체가 창조인데, 왜 창작에 고통이 필요한가? 어릴 적 자네가 키 크려고 애쓰지 않아도 저절로 이렇게 키가 컸는데 말일세."

"정말 인간의 본성이 창조가 맞나요, 선생님? 저는 학교 다닐 때 작문 숙제가 너무너무 싫었거든요. 다른 친구들도 다 비슷했던 것 같은데……"

"왜 그렇겠나? 꽃신으로 본성을 가두고 있기 때문일세."

"생각과 느낌으로 본성을 가둔다는 말씀인가요?"

"아이들을 생각해 보게. 누가 시키지 않아도 그림을 그리고 글을 쓰고 즐겁게 모래성을 쌓네. 꽃신으로 본성을 억누르지 말게. 신을 벗고 바닥을 디디게나. 깨어 있는 사람은 아무런 상도 가지고 있지 않기 때문에, 창조적인 일을 하더라도 전혀 힘들지 않네. 저절로 창조하고 저절로 성장하는 것이지. 자네, 미켈란젤로가 했던 말을 아는가?"

"그 유명한 조각가 말씀이시죠?"

"그가 이런 말을 남겼지. '모든 대리석 안에는 조각상이 깃들어 있다. 조각가의 임무는 그 형상을 드러나게 하는 것이다'라고. 자네 안의 창조성이 스스로 드러나게 하게."

"제 안에도 창조성이 있을까요?"

"꽃신을 벗게. 맨바닥의 감촉을 느끼고 정글을 신나게 활보하게. 그게 전부라네."

집으로 돌아오는 전철 안. 늦은 밤이라 객실이 텅 비어 있었다. 핸드폰으로 미켈란젤로를 검색했다. '시대의 천재'라는 수식어와 함께 그가 평생 동안 이룬 업적들이 좌르륵 나왔다. 화가, 조각가, 건축가, 시인…… 한 분야에서 최고가 되기도 어려운데 이렇게 다양한 분야에서 천재적인 면모를 발휘할 수 있다니. 역시 타고나야 하는 게 아닐까 하는 생각과 동시에, '인간의 본성 자체가 창조'라는 영감님 목소리가 귓가에 맴돌았다. 내 안에도 창조성이 조금이라도 남아 있는 걸까?

덜컹덜컹. 전철이 속도를 내면서 가볍게 흔들렸다. 맞은편 창문에 무뚝뚝한 표정의 내 얼굴이 반사되어 보였다. 입 꼬리를 힘껏 올려 억지로 웃어보았다. 맞은편 얼굴도 나를 향해 웃었다. 손을 흔들었다. 맞은편 얼굴도 나를 향해 손을 흔들었다. 내게 무슨 말을 건네는 것도 같았다.

문득 까맣게 잊었던 오래 전 꿈이 떠올랐다. 어릴 때 나는 곧잘 시를 썼다. 그때는 애쓰지 않아도 노랫말이 내 안에서 넘쳐흘렀다. 노트와 연필을 챙겨 옥상에 올라가 평상에 벌렁 드러누운 채 몇 시간이고 하늘을 바라보기도 했고, 햇빛을 받으며 흔들리는 나뭇잎을 오래도록 감상하기도 했다. 내가 보고 듣는 모든 것들이 내 손끝에서 시로 피어났다. 그 순간이 참 행복했다. 누가 알아주지 않아도 상관없었다. 그렇지만 내가 쓴 글이 점수로 매겨지고, 누군가와 비교되기 시작하자 더 이상 시를 쓰는 일이 즐겁지 않았다. 남보다 잘해야 한다는 압박감 속에서 밤새 글쓰기 숙제를 한 적도 있지만 오직 괴로울 뿐이었다. 나를 옭죄던 '원숭이 꽃신'을 이제 그만 벗어던지고 싶었다. 노트와 펜을 꺼냈다.

빈 노트에 뭘 적어야 할지 알 수가 없었다. 물음표만 잔뜩 그리다가 노트를 덮었다. 에이, 그럼 그렇지. 이제 와서 내가 무슨…… 괜히 멋쩍어서 고개를 들었더니 맞은편 창문 속의 얼굴이 나를 향해 조용히 미소를 짓는 것처럼 느껴졌다. 미소에 용기를 얻어 사각사각 시를 써 내려갔다. 시를 쓰며 기쁨으로 충만했던 그때의 감각이 또렷이 되살아나는 것 같았다.

과거와 만나다

"천천히 무라, 언친다."

얼마만의 집밥이냐? 빠른 속도로 입으로 향하는 내 숟가락 위에 엄마가 반찬을 얹어주었다.

"역시 우리 엄마 손맛이 최고네!"

숟가락을 입으로 가져가면서 왼손으로 엄지를 추켜올렸다. 엄마가 함빡 웃음을 지었다.

"니가 웬일로 오이를 먹노? 비린내 난다고 입에도 안 대두만. 서울 가서 입맛이 바꼈나?"

그러고 보니 그동안 오이를 먹지 않았다. 향만 맡아도 머리가 아파 속에서 헛구역질이 올라왔다.

밥을 먹다 말고 밥상에 놓인 오이무침을 물끄러미 바라보았다. 문득 비린내가 나는 것 같아 헛구역질이 올라왔다. 아, 이거! 생각과 느낌이구나. 얼마 전에 친구와 단감 빵을 먹었을 때가 떠올랐다. 오이를 한 입 크게 베어 물고 아주 천천히 씹었다. 이에 닿는 오이의 촉감, 혀에 느껴지는 맛, 향…… 아, 오이가 이런 맛이었구나. 그동안 몰랐던 깊은 맛과 향이 느껴졌다.

밥 공기를 절반쯤 비웠을 즈음 아버지가 식탁 맞은편에 앉았다. 나를 기다렸다가 같이 식사를 할 생각이셨던 걸까? 딱히 할 말이 없어 시선을 반찬으로 향한 채 묵묵히 젓가락질만 했다. 아버지도 나와 마찬가지인 것 같았다. 그렇게 맛있던 밥알이 모래알처럼 입 안에서 서걱거렸다. 빨리 먹고 일어나야겠다는 생각을 하는데 정적을 깨고 아버지가 한마디를 뱉었다.

"잘하고 있나?"

순간 목에 생선 가시가 탁 걸리는 것 같았다. 가슴이 꽉 막혔다. 동시에 내 안에서 뜨거운 무언가가 꽉 치밀어 올랐다.

"켁켁, 켁켁."

"야가 밥 먹다가 와 이라노? 내 몰래 딴짓 하고 돌아 댕기는 거 아이가!"

아버지가 물을 따라주셨다. 서먹한 분위기를 무마하기 위한 아버지 나름의 서툰 노력이라는 걸 알면서도 공연히 화가 났다.

내가 파이자전거에 합격했다고 말했던 그날, 아버지는 실망감을 감추지 못했다. 아버지는 웬 자전거 회사냐며, 지금이라도 늦지 않았으니 차라리 공무원 시험 준비를 해보라고 나를 설득했다. 아버지는 아직도 내가 당신 뜻대로 움직여주기를 바라는구나 싶어 속상했다. 내가 그동안 얼마나 외롭고 쓸쓸한 시간을 보냈는지 헤아려주지 않고 끝내 자기 체면만 생각하는 아버지에게 말할 수 없이 섭섭했다. 그저 애썼다, 수고했다는 아버지의 말 한마디가 듣고 싶었을 뿐이었는데……

"이제 그만 좀 하시면 안 돼요?"

"갑자기 머를 그만하노?"

버럭 화를 내는 나를 보고 아버지가 놀란 표정을 지었다.

"잘하라는 말이요. 언제까지 잘해야 되는데요? 그동안 제가 뭘 그렇게 못했어요? 잘하려고 그렇게 애썼잖아요. 한 번이라도 잘했다고 얘기해 주신 적이 있어요?"

숟가락을 식탁에 탁 놓고 일어섰다. 어머니와 아버지가 깜짝 놀란 얼굴로 나를 바라봤지만, 뒤돌아서 내 방에 들어와 문을 쾅 닫았다.

주인이 오래 자리를 비운 방은 이미 창고로 변한 지 오래였다. 책상 위엔 온갖 잡동사니가 쌓여 있었고, 벽에는 유년의 내가 크레파스로 그려놓은 그림이 빛이 바랜 채 잠들어 있었다.

"꿈은 이루어진다"라고 적힌 삐뚤삐뚤한 글씨도 보였다. 저 글씨를 써 넣을 때의 내 꿈은 뭐였을까? 먼지가 뽀얗게 쌓인 의자에 턱 걸터앉으니, 벽 한쪽에 다락으로 통하는 문이 눈에 들어왔다. 아, 그래! 다락이 있었지. 방에 딸린 다락의 존재를 새까맣게 잊고 있었다. 다락은 나만의 비밀 아지트였다. 어릴 때 부모님에게 혼나면 다락에 쪼르르 올라가 숨기도 하고, 다락에 올라가 일기장을 펼치고 속상한 마음을 깨알같이 적기도 했다.

몇 년 동안 아무도 연 적이 없었을 문을 열고, 다락으로 오르는 계단에 한 발을 디뎠다. 와, 이게 대체 얼마만이야? 다락 한 구석에는 먼지를 뽀얗게 뒤집어쓴 낡은 상자들이 가득했다. 옆면에 삐뚤삐뚤한 글씨로 '절대 비밀'이라고 쓰인 상자가 보였다. 이게 열어보라는 말이야 열어보지 말라는 말이야? 어릴 적 순진함에 피식 웃음이 났다. 그 상자 안에는 일기장과 노트, 친구들과 주고받은 편지가 가득했다. 직접 쓴 시도 여러 편이었고, 직접 그린 만화도 있었다. 아니, 내가 이렇게 재주가 많았나? 큭큭 웃으면서 일기장을 넘기는데, 일기장 사이에 끼워져 있던 종이 몇 장이 툭 떨어졌다. 타자기로 친 대본이었다. 제목은 〈달로 가는 자전거〉. 달로 가는 자전거라고? 영감님과 얼마 전에 달을 보며 나눈 이야기가 생각났다. 우연치고는 참 재미있었다. 기억 속에서 까맣게 잊고 있던 타자기가 생각났다.

외갓집에는 타자기가 한 대 있었다. 외갓집에 갈 때마다 타자기를 치는 게 재미있어서 늘 그 앞을 떠날 줄 모르니, 외할아버지가 그 타자기를 내게 선물로 주셨다. 탁, 탁 명쾌한 소리와 함께 손끝에서 글씨가 만들어질 때의 기분이란! 그땐 신이 나서 주변의 모든 것을 다 타자기로 써댔다. 일기, 시, 친구들에게 보내는 편지……

어느 날부터는 우리 반 친구들이 등장하는 대본을 쓰기 시작했다. 그걸 친구들에게 보여주기도 했는데, 어떤 친구는 "내가 언제 이런 말을 했느냐"며 화를 내기도 하고, 어떤 친구는 자기를 멋있게 써달라고 부탁하기도 했다. 다음 편을 기다리던 친구들은 매일 아침마다 나를 보고 다음 줄거리가 어떻게 되는지 들려달라고 재촉했다. 매일 조금씩 쓴 대본을 친구들이 돌려봤는데, 어느 날 선생님이 보시고는 학급 연극으로 만들어 무대에 올린 기억도 떠올랐다. 내가 쓴 글에 맞춰 친구들이 연극하는 걸 바라보던 일은 손에 꼽을 수 있는 아름다운 기억 중 하나이다.

이렇게 행복했던 기억을 그동안 정말 까맣게 잊고 있었네…… 타자기 앞에서 행복했던 어린 시절이 생각났다. 타자기 자판을 누를 때 손끝에 느껴지던 감각과 탁, 탁, 탁 글씨를 찍어내는 타자기의 기분 좋은 소리가 그리웠다. 따뜻한 기억이 피어올랐다.

"아버지랑 또 싸웠다매? 오랜만에 와서 또 싸우노?"

옛 추억에 잠겨 있는데, 동생이 벌컥 방문을 열고 들어왔다.

"뭘 싸워? 그냥 나한테 잔소리하니까 화나서 그런 거지."

"에휴, 아부지가 늘 그렇지. 자식 잘되라고 그런 걸 뭐 그렇게 예민하게 받아들이노?"

"아 몰라. 듣기 싫어. 넌 요즘 좀 어때?"

"학점 따느라 바쁘고, 알바 다니고 그렇지 뭐. 내가 그때 말 안 했드나? 타로 봤다고. 올해는 뭐가 잘 안 된다고 하니까 그냥 그런가 보다 해야지."

"나도 몇 달 전에 사주 봤었어. 자꾸 면접 떨어지니까 불안해서."

"사주 되게 좋았나 보네? 이번에 취뽀했잖아."

"아니, 사주 집에서 나한테 올해 절대 취직 안 된다고 했었어. 엄청 유명한 데 갔거든? TV에도 몇 번 나오고…… '다맞춤 사주'라고 들어봤어?"

"엥? 거기 진짜 유명하잖아. 대통령 누가 될지도 맞추고, 연예인 스캔들도 맞추고 별거 다 맞추던데. 내 친구 중에도 일부러 서울까지 가서 그 집에 갔다 온 애 몇 명 있다. 예약 꽉 차서 몇 달 기다렸다고 하던데, 근데 어떻게 취직했단 말이고?"

"사주를 뛰어넘어 버렸달까?"

"사주를 뛰어넘었다니 그게 무슨 말이고? 운을 그렇게 갖고 태어난 건데?"

"운명 같은 게 있다면…… 그냥 뛰어넘으면 된다니까!"

"무슨 소리를 하는지 모르겠다. 주어진 대로 사는 거지, 무슨 허들도 아니고 어떻게 뛰어넘노?"

"그래! 허들. 사주고 운명이고 그냥 네 인생에 허들이라니까. 그러니까 그냥 뛰어넘으면 돼."

불과 얼마 전까지의 내 모습이 저랬었지. 어리둥절한 동생의 얼굴을 보니 슬며시 웃음이 나왔다. 동생이 잠깐 생각에 잠기더니 말했다.

"사주고 운명이고 그냥 뛰어넘으면 되는 거라고? 그럼 니는 와 아부지랑 관계는 못 뛰어넘는데?"

"뭐?"

"운명같이 대단한 것도 뛰어넘으라고 말하면서, 왜 아부지 말 한마디에는 그렇게 번번이 걸려 넘어지냐고?"

동생 말이 하나도 틀린 게 없었다. 입으로는 사주니 운명이니 뛰어넘으면 된다고 해놓고, 난 정작 아버지의 잔소리 하나 뛰어넘지 못하고 있었으니. 아버지를 떠올릴 때마다 어릴 때부터 귀가 따갑도록 들었던 '잘해라, 열심히 해라' 하는 잔소리가 귓가에 웅웅 울렸다. 사랑받기 위해서는 그럴 만한 자격이 있어야 한다고 내가 나 스스로를 들들 볶았던 것일 뿐일까? 어쩌면 나는 그저 원망할 대상이 필요했는지도 모르겠다.

결심

 몇 바퀴째 집 앞의 공원을 돌고 있다. 깨어 있음 연습을 그만 둬야겠다며 담담히 결심하던 그날이 생각났다. 평생 노력해도 불가능할 수 있다는 영감님 말을 생각하면, 한편으론 시작도 하기 전에 맥이 빠지지만 한 번만 더 시도해 보기로 마음먹었다.
 지난번처럼 오감을 열려고 애썼다. 최대한 사람이 없는 길을 골라 양 검지를 들고 한 발 한 발 내딛었다. 모르는 사람이 보면 정말 웃기겠지만 어쩔 수 없었다. 나는 달에 가기로 마음먹었으니까.
 아주 천천히 걸었다. 전에는 한 번도 들어본 적 없는 새소리가 들렸다. 소리를 따라 발걸음을 옮겼다. 자세히 들어보니 소리가 한둘이 아니었다. 저기 멀리서 나는 새소리도 있고, 바로 머리 위에서 나는 새소리도 있었다. 새소리 사이에 바람 소리와 사람들의 웃음소리가 연하게 뒤섞여 들렸다. 마치 여러 가지 악기가 한데 어울려 내는 화음처럼, 깊은 아름다움이 내 몸 구석

구석을 파고들었다. 모든 소리가 음표가 되어 내 몸속을 흐르는 것 같았다. 벤치에 걸터앉아 깊이 숨을 들이마셨다. 하늘이 참 맑았다. 이대로 편안하구나. 하늘을 나는 것처럼 몸이 가볍고 가벼웠다. 문득 영감님의 목소리가 들렸다.

"집중하되 집중하지 말게. 깨어 있기가 깨어 있고자 하는 의도를 내려놓을 때 비로소 되는 것이네."

순간, 깨어 있음에 대한 생각을 전혀 하고 있지 않았다는 걸 깨달았다. 아! 이거였군요, 영감님! 집중하되 집중하지 말라는 말이 무슨 뜻인지 비로소 이해될 것 같았다. 지난번에 해가 질 때까지 공원을 몇 바퀴나 걸었어도 깨어 있기가 안 된 이유를 비로소 알 것 같았다. 그때의 나는 '깨어 있기를 해야겠다'는 의도에 사로잡혀 있었던 거다. 그 의도에 사로잡혀 있는 힘을 다해 애를 썼던 거다. 그 의도마저 내려놓았어야 하는 거구나. 벤치에 한참을 앉아 있다가 핸드폰을 꺼냈다.

"선생님! 저도 평생을 걸겠습니다."

"다짜고짜 평생을 걸다니?"

"되든 안 되든 달을 향해서 나아가 보려고요."

"허허, 그렇게 어렵다고 했는데도 포기하지 않겠다니 반갑구면. 포기한다고 하면 말리지 않을 참이었는데 말일세."

영감님의 장난꾸러기 같은 웃음소리가 들렸다.

"선생님이 말씀하셨죠. 깨어 있음을 통해 전혀 새로운 삶을 살게 된다고. 저도 해보고 싶어요. 거기가 어딘지 한번 가보고 싶어요."

그동안 나는 깨어 있음의 세계를 모른 채 살아왔고, 나 말고도 수많은 사람들이 깨어 있음을 모른 채 살아가고 있다. 그러니 깨어 있음을 해보겠다고 발버둥치는 내 모습이 맹목적이고 때론 무모해 보이기도 할 것이다. 그렇지만 더 이상은 지난날처럼 살기 싫었다. 그저 살아가는 것이 아니라, 오지 않은 미래의 어느 날을 목표로 현재를 죄다 희생하는 것이 아니라, 이미 지나버린 과거를 놓지 못해 현재까지 죄다 과거의 몫으로 흘려보내는 것이 아니라, 지금 이 순간을 살고 싶었다. 나로서 살고 싶었다. 1초라도 나 자신으로서 존재하고 싶었다. 아무 걱정도, 불안도 없이 그저 이 순간을 만끽하고 싶었다.

"막막할 때가 많을 걸세. 달을 향한 여정이란 게 언제 도착할지, 도착할 수나 있을지조차 가늠하기 어려운 일이니 말일세. 달보다 더 환한 빛을 내는 별을 만나면, 과연 달을 따라가는 게 맞는지 의심도 하게 될 테고, 과연 내가 무엇을 하는 건가 싶은 회의감에 휩싸일 때도 많을 걸세. 깨어 있음의 여정은 기쁨보다는 의심과 좌절이 가득할 걸세. 그래도 가보겠는가?"

"오래 고민했어요. 어쩌면 평생 가 닿지도 못할 목적지를 향해 한 발 한 발 내딛는 것이 과연 의미가 있을지, 목표를 이루지 못하더라도 그 과정 속에서 행복할 수 있을지, 매 순간 한 걸음 한 걸음에 최선을 다할 수 있을지를요. 언젠가 제 인생이 앞이 보이지 않는 컴컴한 바다 같다고 말씀드렸었죠. 저는 숨이 턱 끝까지 차도록 노를 저었습니다. 심장이 터질 것 같아도, 심장을 움켜쥐고 노를 저었죠. 이렇게 노를 저으면 어딘가에 닿을 수 있겠지, 어딘가에 닿으면 쉴 수 있겠지…… 가끔 다른 배를 만나기도 했어요. 그들이 가리키는 방향은 저마다 달랐어요. 누군가는 제가 더 빨리 속력을 내야 한다고 했고, 누군가는 여태까지 제가 거꾸로 왔다며 되돌아가라고 했죠. 혼란스러웠습니다. 왜 노를 젓는지, 어디로 가는지도 모른 채 그저 저는 열심히 팔을 휘두를 뿐이었어요. 탈진하기 직전이었지만 노 젓기를 그만둘 수 없었습니다. 그래서는 안 된다고 배웠거든요. 그런데 선생님은 저에게 '그저 방향을 잃지 않을 수 있다는 것'만으로도 의미 있다고 하셨어요."

"많은 사람들이 어디로 가야 할지도 모르면서 발걸음을 옮기네. 가야 할 방향을 정확히 알고, 그곳을 향하고 있다는 사실만으로도 축복받은 일이지."

"사실 두렵고 겁도 나요. 앞으로 또 얼마나 노를 저어야 할지, 파도처럼 덮쳐오는 외로움과 두려움을 어떻게 견뎌야 할지……."

"컴컴한 바다에서 노를 저을 때는 그랬겠지. 어디로 가는지도 모르고, 외롭고 두려웠을 걸세. 인정하네. 그렇지만 달을 향해 가는 것은 지금까지의 여정과는 다르다네."

"지금까지의 여정과는 다르다고요? 더 힘들고 어려울 거라는 말씀일까요?"

"깨어 있음이 뭐라고 했나?"

"몸과 마음에 고통이 없는 상태라고 하셨어요."

"노를 젓는 건 물론 힘들겠지. 그렇지만 그곳에 가까워질수록 우리의 몸과 마음은 조금씩 고통에서 해방된다네. 일차적으로는 몸이 건강해지고, 그 다음으로는 마음이 건강해지지. 사실 몸과 마음이 동시에 건강해지지만, 몸이 건강해지는 것을 먼저 자각하게 된다네."

"그러고 보니 제가 만성두통이 있었는데 어느 순간 없어졌어요."

"자네는 이미 그 여정을 시작하지 않았는가? 두통이 없어지는 건 당연한 일이지. 허허."

"선생님도 평생을 걸고 연습했다고 하셨잖아요? 혹시 먼저 길을 간 선배로서 저에게 알려주실 지름길 같은 건 없나요?"

"지름길이라…… 깨어 있음의 세계에 빨리 가는 방법을 묻는 겐가?"

"네! 정확합니다!"

"자네에게 여태까지 말해준 모든 게 내가 알아낸 지름길일세. 삶의 매 순간이 연습 대상이네. 생각과 느낌의 경계를 보아라, 호흡을 의식해라, 오감을 열어라, 발바닥이 땅에 닿아 있는 것을 의식해라, 뒤 공간을 의식해라…… 이 모든 것이 내가 늘 하는 것일세."

그저 흉내라도 좋아, 진심이 아니라도 좋아

"그럼 니는 와 아부지랑 관계는 못 뛰어넘는데?"

수시로 동생의 말이 떠올라 나를 괴롭혔다. 부장님과의 문제를 다뤘을 때, 그에게서 아버지 모습을 보고는 무척 당황했던 기억이 떠올랐다. 그때 나는 아버지의 인정으로부터 자유로워졌다고 생각했는데, 왜 여전히 아버지가 힘든 걸까?

"선생님, 예전에 제가 부장님과의 문제를 다뤘던 거 기억하세요?"

"그럼, 그때 자네는 부장님이라고 하지도 않았어. 말끝마다 부장, 부장 그랬지."

"그러네요…… 그때 부장님을 생각하는 순간 아버지가 떠올랐잖아요. 아버지에게 인정받고 싶은 마음 때문에 힘들었다는 사실도 자각하게 되었고, 그때 저는 '누구의 인정도 필요하지 않다. 나는 나다!'라고 선언하기도 했고요. 그리고 그 순간엔 정말로 편안해졌는데……"

"기억하고 있네."

"그런데 왜 저는 아직도 아버지가 힘들까요? 지난주에 오랜만에 집에 갔다가 아버지한테 화를 내버렸거든요."

"그랬구먼."

"아버지가 '잘하고 있냐?'고 한마디를 하셨는데 저도 모르게 너무 울화가 치밀더라고요. 그동안 아버지 눈에 들려고 아등바등했던 제 모습이 문득 생각났던 것 같아요. 아버지께 죄송하다는 말씀을 드리고 싶었지만, 진심에서 우러나오는 사과가 아닌 것 같아서 그냥 인사도 없이 올라와 버렸어요. 물론 선생님께서 무슨 말씀 하실지 알아요. 그 감정을 내려놓으라고 하시겠죠. 그렇지만…… 그러기 싫어요."

"진심을 흉내라도 내보게."

영감님이 웃으며 말했다.

"진심을 흉내 내라니요? 아버지께 사과하는 흉내라도 내보라는 말씀이세요?"

영감님이 가볍게 고개를 끄덕였다.

"아니, 매번 생각과 느낌에 휘둘리지 말라고 하시면서…… 이제는 진심을 연기하라고 하시다니요?"

"지금 자네가 생각과 느낌에 휘둘리고 있지 않은가? 늘 나에게 잘하라고 하는 아버지가 밉다, 사과하기 싫다, 내려놓아야 하는 줄은 알지만 내려놓기도 싫다…… 자네에게 내려놓으라고 하지 않겠네. 억지로라도 흉내 내보게. 내친김에 지금 이 자리에서 해보게."

"아, 지금은 아닌 거 같은데요……"

영감님이 보는 앞에서 마지못해 아버지에게 전화를 걸었다. 신호음이 울리는 시간이 초조했다. 내심 아버지가 받지 않았으면 싶었다.

"여보세요."

"아, 아버지, 저예요. 인사도 못 드리고 와서…… 저 그날 죄송했어요."

"그래, 괜찮다. 잘 지내고?"

"…… 네."

30초도 안 되는 짧은 통화였지만, 그 잠깐 사이에 어깨에 힘이 바짝 들어간 게 느껴졌다. 휴우. 영감님이 나를 향해 엄지를 치켜들었다.

"기분이 어떤가?"

"솔직히 아버지에게 죄송하단 마음도 없어서 사과하기 싫었거든요. 그런데 어쨌든 죄송하다고 말이라도 하고 나니까 마음이 좀 홀가분하네요."

"흉내만 낸 것도 아주 훌륭한 일이라네. 흉내 내는 것도 마음이 없으면 결코 쉽지 않거든. 마음이 내키지 않아도 몸이 움직이면 마음은 저절로 따라온다네. 자네가 지금 홀가분해진 것처럼 말일세."

"몸으로라도 억지로 행동을 해서 마음에 변화가 있게끔 하는 방법이군요."

"몸은 곧 마음이니까 말이네. 내려놓기를 할 때 가장 먼저 검지를 드는 것도 하나의 신호라고 자네에게 일러준 적이 있지?"

"네, 맞아요. 검지를 드는 건 지금 깨어 있겠다고 스스로 선언하는 신호라고 하셨죠."

"자네는 그때 이미 아버지의 인정으로부터 홀가분해졌다네. 그렇지만 이미 끝난 과거를 자꾸만 현재로 가져와서 또다시 과거를 되풀이했지. 아버지의 한마디를 듣고 그 순간 어린 시절이 생각나서 벌컥 화를 낸 것처럼 말이네."

"아버지가 더 이상은 저에게 기대하면 안 된다고 생각했어요. 저에게 더 이상 잘하라거나 열심히 하라거나 그런 말을 하지 않길 바랐어요."

"왜 자꾸 남들이 바뀌길 기대하는 겐가? 자네, 예전에 부장과의 문제를 다룬 뒤에도 부장이 여전히 자네에게 화를 내고 괴롭힌다고 분통을 터뜨렸었지. 지금 부장과의 관계가 좋아진 게 우연인가?"

"아니요…… 제가 스스로 노력했습니다. 변화하려는 의지를 갖고요. 그 뒤로 확실히 부장님과의 관계가 편해졌고요. 부장님도 더 이상 저를 괴롭히지 않아요."

"부장의 행동은 예전과 비슷한데 그게 자네에게 더 이상 문제가 되지 않는 건 아니고? 결국 자기 자신이 바뀌지 않으면 아무것도 바뀌지 않네. 아버지와의 관계도 마찬가지일세. '똑같은 행동을 하면서 다른 결과가 나오길 기대하는 건 미친 짓이다'라는 말을 아는가?"

"네, 들어본 적 있습니다. 아인슈타인이 한 말 같은데요?"

"잘 알고 있구먼. 이미 지나버린 과거를 자꾸만 현재에 되풀이하면서 더 나은 미래를 기대하는 건 한마디로 미친 짓이겠지. 부디 자네는 그런 미친 짓을 그만두기를 비네. 표현이 좀 과격했나? 허허."

영감님 말씀이 맞다. 다 지난 일이다. 흘러간 강물이고 사그라진 불길이다. 그런데 자꾸만 나는 머릿속으로 흘러간 강물을 다시 끌어올리고, 사그라진 불길을 살리려 애쓴다. 이런 내 자신이 너무 힘들고 답답하다. 그래, 그럴 땐 흉내라도 내보자. 잘 안 돼도 하는 척이라도 해보자. 하다 보면 반드시 변화할 테니.

내가 살아가는 의미

평생 다다르지 못해도 좋다고, 깨어 있음을 향해 나아가 보겠다고 영감님께 큰소리쳤었지. 그렇지만 얼마 지나지 않아 심각한 문제가 있다는 걸 깨달았다. 눈에 보이지 않는다는 조급함이 제일 컸다. 도무지 얼마큼 갔는지 전혀 가늠할 수 없었다. 한 걸음을 걸으나 백 걸음을 걸으나 알 수 없다고 생각하니 답답함이 밀려왔다. 그러고 보니 '내려놓음'이라는 말 자체도 문제가 있는 것 같았다. 왜 생각과 느낌을 없애버리지 않고 그저 내려놓으라고 하신 걸까? 사람은 생각하고 느낄 수밖에 없는 존재라고 하셨지만, 겨우겨우 바다 속으로 가라앉힌 생각과 느낌이 또 언제 불쑥 솟아올라 나를 괴롭힐지 몰랐다. 영원히 없애버릴 순 없는 걸까?

"선생님, 깨어 있음으로 가는 길이 꼭 하나뿐인가요?"
"세상에는 깨어 있음으로 가는 무수한 방법들이 존재한다네.

달에 가는 방법이 무수히 많은 것처럼 말일세."

"이런 말씀 드리기에 좀 죄송하지만…… 그렇다면 선생님이 알려주신 내려놓음은 저에게 맞지 않는 것 같습니다."

"허허, 그렇구먼."

언제나처럼 영감님은 가만히 고개를 끄덕일 뿐이었다.

"그 방법은 너무 느리고 불확실한 것 같아요. 선생님, 저에게 말씀하셨잖아요, 평생 걸려도 도달하지 못할 수도 있다고…… 물론 제가 부족해서 그렇기도 하겠지만, 평생 걸려도 결과를 보장할 수 없는 방법은 잘못된 게 아닐까요? 전 빨리 가고 싶어요."

영감님이 일어나 서재로 가더니 책을 한 권 뽑아 내게 내밀었다. 표지에 해와 바람이 커다랗게 그려진 그림책이었다.

"자네, 이 동화를 아는가?"

"어릴 때 읽어본 기억이 있네요. 해와 바람이 나그네의 외투를 벗기기 위해 시합하는 내용이잖아요."

"잘 기억하고 있군. 결과가 어떻게 됐는가?"

"바람은 점점 더 세게 불어 나그네의 외투를 벗기려고 했지만, 그럴수록 나그네가 옷깃을 여미는 통에 실패했죠. 해가 나그네를 따뜻하게 내리쬐자 나그네는 저절로 외투를 벗었고요. 결국 해가 승리했어요."

"언뜻 보면 바람이 당연히 이길 것 같은데 왜 그런 결과가 나왔을까?"

"바람은 힘으로 나그네의 외투를 억지로 벗기려고 했고, 해는 나그네가 외투를 스스로 벗도록 했다는 것에 차이가 있지 않을까요?"

"나그네가 스스로 외투를 벗기를 기다리는 것보다는, 바람처럼 나서서 억지로라도 벗기는 것이 더 빠르고 효과적이지 않겠나?"

"바람이 더 세게 불었어야 했나……라는 생각도 했습니다. 그렇지만 더 세게 불수록 나그네는 옷깃을 더 단단히 여몄겠죠. 음…… 이 동화를 왜 말씀하신 줄 알겠네요. 제가 바로 바람처럼 군다는 말씀이시죠?"

"내가 자네만 할 때 내려놓음을 시작했다네. 누구보다 빨리 깨어 있음의 세계를 알고 싶었지. 그때의 나는 오히려 지금의 자네보다 훨씬 더 조급했을 걸세. 효과를 볼 수 있다는 모든 방법은 다 찾아다녔네. 말로 설명할 수 없는 무수한 시행착오를 겪었지. 그러고 나서야 겨우 깨달았다네. 느릿느릿 기어가는 달팽이처럼 한없이 느리고 답답해 보여도, 결국 제대로 가는 것이 깨어 있음을 향한 가장 빠른 방법이라는 걸 말일세. 깨어 있음에 빨리 다다르고 싶지 않은 사람이 어디 있겠는가? 많은 사람들이 깨어 있음에 다다르기 위해 애를 쓴다네. 그렇지만 지난번에도 말했던 것처럼 깨어 있음은 애쓴다고 되는 것이 아니네. 빨리 다다르려고 애쓰는 것 자체가 '긴장'을 유발하지. 내려놓게. 올라오면 내려놓고 또 올라오면 또 내려놓게. 때가 되면 나그네가 자연히 외투를 벗을 것이네."

이렇다 할 성과 없이 대화는 끝이 났다. 사실 영감님에게 깨어 있음으로 가는 길이 너무 느리고 지루하다고 투덜대봤자 돌아올 대답이 어떤 것일지는 이미 알고 있었다.

생각과 느낌을 직면하는 일, 그리고 내려놓는 일은 제자리걸음을 하는 것처럼 느껴지기도 하고 어디만큼 왔는지 알 길이 없어 답답하기도 했지만, 간혹 의외의 수확이 있기도 했다. 하루는 배가 몹시 아파 데굴데굴 구르다가 생각과 느낌을 바라보니 '화'와 연결된 몸의 통증인 걸 알고 깜짝 놀랐던 적이 있다. 마음 한편에 여전히 '이게 되겠어?' 하는 불신의 싹이 고개를 들고 있었지만, 검지를 들고 지긋이 응시했다. 그러는 사이 몸과 마음이 조금씩 편안해지면서 배가 아픈 진짜 이유가 드러났다. 내 마음속 깊은 곳에 화석처럼 딱딱하게 굳어 있는, 그래서 도저히 내려놓을 수 없는, 아니 내려놓기 싫은 단단한 생각 한 덩이, 그 화석의 이름은 바로 '스포트라이트'였다.

성공한 사람들은 저 높은 밤하늘의 별처럼 반짝반짝 빛을 낸다. 언제나 그 빛을 동경해 왔다. 나도 그들처럼 되고 싶었다. 그렇지만 나는 단 한 발자국도 움직일 수 없었다. 그들이 서 있는 저 높은 곳은 특별한 사람에게만 허락된 곳이니까. 나는 그저 가만히 방 안에 앉아서 그들이 내는 빛을 부러워하며 바라봤을 뿐이다. 나중에는 그 빛을 바라보는 것이 괴로워 창문을 닫아버렸다. 나는 어차피 될 수 없으니까……

높은 곳에 서고 싶었던 이유는 남들의 인정과 관심, 사랑을 한 몸에 받을 수 있기 때문이었다. 나는 남들의 관심과 사랑이 필요했다. 인정받고 싶은 마음, 사랑받고 싶은 마음이 뚜렷하게 인식될수록 내려놓기가 힘들었다. 아니, 내려놓아야 한다는 생각조차 하기 힘들었다.

왜 이것마저 내려놓아야 해? 그 생각을 직면하는 동시에, 내면에서 엄청난 반발감이 올라왔다. 영감님이 말한 대로 남들이 내게 보이는 관심, 인정 모두 허상에 지나지 않는다는 걸 알고 있었다. 그렇지만 그걸 좇는 게 왜 나빠? 사랑받고 싶고 인정받고 싶은 건 당연한 거 아닌가? 그걸 내려놓으라는 건 내겐 살아가는 의미를 내려놓으라는 거나 다름없었다.

며칠 뒤, 다시 영감님을 찾았다.

"선생님, 살아가는 의미도 내려놓아야 하나요? 살아가는 의미마저 내려놓으면 앞으로의 제 삶이 아무것도 아닌 게 될까봐 솔직히 겁이 납니다."

"살아가는 의미라. 자네가 살아가는 의미는 뭔가?"

"남들로부터 사랑과 존경을 받는 것이요. 물론 선생님은 '미움'과 마찬가지로 '사랑과 존경'도 허상일 뿐이라고 말씀하시겠지만요."

"허허, 잘 알고 있구먼."

"허상이라 하셔도 좋아요. 그렇지만 다들 살아가는 데 의미 하나쯤은 있어야 하잖아요. 누군가는 자녀를 낳고 기르는 데서 삶의 의미를 얻고, 누군가는 목표를 이루는 것에서 삶의 의미를 얻고, 누군가는 남들을 위한 봉사의 삶을 살면서 삶의 의미를 얻습니다. 삶의 의미에서 저마다 크고 작은 만족감과 자기 긍정감을 얻고요. 삶의 의미도 선생님은 분명 내려놓아야 한다고 말씀하시겠죠. 이 만족감과 자기 긍정감도 엄연한 생각과 느낌이니까요."

"자네는 살아가는 데 의미 하나쯤은 있어야 한다고 말했지. 의미가 왜 필요한가?"

"백세 시대라고 하잖아요. 삶에 아무 의미가 없다면 백 년이라는 시간을 그냥 흘려보내다가 죽어야 하는데 그건 너무 아깝습니다. 아침에 일어나서 밥 먹고 일하고, 주말에 TV나 좀 보다가 졸리면 자는 삶? 그런 삶이 의미가 있을까요?"

"내 하나 물어봄세. 주말에 남들을 위해 봉사하는 사람과 영화관에서 팝콘 먹으며 코미디 영화를 보는 사람이 있네. 둘 중 어떤 것이 의미 있는 삶인가?"

"그야 당연히 남들을 위해 봉사하는 사람이죠. 자기 개인의 즐거움보다는 더 많은 이들을 위하는 쪽을 선택한 거니까요."

"남들을 위해 자기의 즐거움은 포기할 줄 아는 삶이 의미가 있단 말이지?"

"그렇지 않을까요? 적어도 영화를 보는 것보다는 의미 있는 일 같은데요?"

"좋네. 그렇다면 회사에 다니는 것이 너무 싫지만 억지로 회사를 다니는 삶도 꽤 의미가 있겠구먼. 회사에서 한 개인이 일하면 적어도 여러 사람에게 도움이 될 테니까 말일세."

"예? 그건 아니죠. 일단 자기가 원해서 해야죠."

"그렇다면 자기가 원해서 주말에 영화를 보는 사람과, 자기가 원하지 않지만 주말에 봉사하는 사람의 삶 중에 어떤 것이 더 의미 있는가? 봉사 점수를 만들기 위해서라거나 여러 가지 이유가 있겠지."

"아, 그건……"

대학 시절, 가산점 때문에 어느 단체에 가서 봉사했던 경험이 떠올랐다. 내키지 않았지만 마지못해 일했던 그 순간은 과연 '의미'가 있었을까? 잠시 생각에 잠겨 있는데 영감님이 말을 이었다.

"자네처럼 삶의 의미를 찾는 사람들이 많네. '내가 태어난 의미는 뭘까?' '이 삶을 살아가는 이유는 무엇일까?' 하고 궁극적인 목표를 찾아 헤맨다네. 그렇지만 삶의 의미 같은 건 없다네."

"네? 삶에 아무 의미가 없다고요?"

"그렇네. 삶의 의미라는 것은 자네가 부과한 생각과 느낌일 뿐일세. 방금 자네도 대답을 못했지 않은가? 주말에 영화 보러 가는 삶이 의미가 있는지, 억지로 봉사 활동을 하는 게 의미가 있는지. 어떤 사람은 자기의 즐거움을 위해 영화를 보는 것이 훨씬 의미가 있다고 말할 것이고, 어떤 이는 즐거움을 포기하더라도 남들을 위해 희생하는 것이 의미가 있다고 말하겠지."

"네, 그렇습니다."

"판단하는 사람에 따라 바뀌는 것은 실상인가 허상인가?"

"그렇다면 저는 허상을 좇고 있다는 말씀인가요?"

"그렇지. 삶에 의미 같은 건 없다네. 있다 해도 허상일 뿐이지. 언제 바뀔지도 모르는 생각과 느낌처럼 말일세."

"좀 허무한데요…… 저는 그동안 사람들의 사랑과 관심을 받기 위해 정말로 애를 쓰며 살았거든요. 그럼 전 이제 무얼 위해 살아야 하죠?"

"깨어 있는 상태에 있는 사람은 그런 의문을 갖지 않네. 깨어 있는 상태에 있는 사람은 무엇을 해도 상관이 없기 때문이지. 순간순간 그냥 하는 것이 기본이네."

"순간순간 내키는 대로 그냥 하면 된다고요? 아무렇게나 막 살아도 된다는 말씀으로 들리는데요."

"깨어 있는 상태에서 행하는 것과 아무렇게나 막 행동하는 것은 전혀 다른 이야기일세. 사람들은 일반적으로 생각과 느낌을 충족하기 위해 살아간다네. 배가 고프면 밥을 먹어서 배부른 만족감을 얻고, 무료하다는 생각이 들면 영화를 보거나 친구들 만나서 일시적으로 즐거움을 얻지. 그렇게 무언가를 계속 추구하고 좇으며 살아간다네."

"깨어 있는 사람은 추구하는 게 없나요?"

"깨어 있는 사람은 다르지. 깨어 있는 사람은 가짜 배고픔에 함몰되지 않고 필요한 정도만 먹고, 늘 새로운 느낌이므로 무료하다는 생각이 들지 않는다네. 매 순간 깨어 있으면 되네. 매 순간 깨어 있으면 매 순간 새롭게 살 수 있으니 말이네. 삶에 의미가 없으면 동물과 뭐가 다를 게 있겠냐고들 하지. 그러나 동물만큼만 살아도 성공이네."

"네? 동물보다 제가 못하다는 말씀이세요?"

"동물은 2의 배고픔을 느낄 때 2만큼 먹네. 사냥할 때 오감을 이용해 있는 힘껏 사냥하고, 도망갈 때 오감을 이용해 있는 힘껏 도망가지. '사냥감을 못 잡으면 앞으로 굶어죽을 텐데 어떡하지? 여기서 잡히면 꼼짝없이 죽을 텐데 어떡하지?' 하고 미리 미래를 내다보고 걱정하지 않지. 동물들이 삶에 의미를 부여하겠나? 이 사냥감을 잡아서 동료들에게 사랑과 존경을 받아야겠다, 오늘 동료들이 먹을 사냥감을 잡으면 난 단체를 위해 희생한 것이니 내 삶에 의미가 있다, 이런 생각을 하겠는가?"

언제가 TV에서 보았던 〈동물의 세계〉의 한 장면을 떠올려보았다. 죽을힘을 다해 도망가는 가젤과 역시 죽을힘을 다해 쫓아가는 치타. 그들이 삶에 의미를 부여하지 않는다고 해서, 그들이 막 사는 것이라고는 할 수 없었다. 그들은 순간에 최선을 다하고 있었다.

"막 살라는 것과 그저 살아가라는 것은 엄청난 차이가 있다네. 내가 지난번에 이야기했던 '카르페 디엠'도 한번 잘 생각해 보게나. 동물들이 그 순간을 과연 '즐기는지'를. 그들은 그저 그 순간에 제대로 살아있을 뿐이네."

의미를 애써 덧대지 않고 그 순간에 제대로 살아있는 것, 문득 동물들의 삶에서 숭고함이 느껴졌다.

달로 가는 자전거

집에서 가져온 종이들을 다시 펼쳤다. 〈달로 가는 자전거〉. 한 줄 한 줄 읽어내려 갈수록 그때의 기억이 되살아나 입가에 웃음이 번졌다. 꼬마가 타자기 앞에 앉아 졸린 줄도 모르고 밤늦도록 써내려 간 이야기의 내용은 이랬다.

주인공 용용은 자전거를 타고 친구들과 동네를 신나게 누비고 싶은 마음에 아빠를 졸라 자전거를 갖게 된다. 하지만 자전거를 타려고 할 때마다 너무 무서워서 자꾸만 눈을 감아버린다. 용용은 자전거와 함께 쿠당당탕 넘어지기를 수차례 반복하다 그만 자전거 타기를 포기한다. 용용은 친구들이 자전거를 타고

쌩쌩 달리는 모습을 멀리서 부러운 눈으로 지켜볼 뿐이다. 그러던 어느 날 밤, 주인공 용용에게 외계인 친구가 찾아온다. 외계인 친구는 주인공이 두려움 때문에 자전거를 타지 못한다는 사실을 알고, 마법을 부려 자전거에 바퀴를 하나 더 달아준다. 그리고 주인공에게 다정하게 말한다.

"이 바퀴가 있으면 절대 넘어지지 않아. 이 바퀴는 투명해서 사람들 눈에는 보이지 않는단다. 그렇지만 자전거를 탈 때마다 기억하렴. 네 자전거에는 바퀴가 세 개라는 사실을."

잠에서 깬 주인공은 꿈이라는 걸 알았지만, 왠지 자전거에 바퀴가 세 개인 듯한 느낌이 든다. 신기한 사실은 그날부터 자전거를 탈 때 정말로 넘어지지 않았다는 것이다. 자전거를 쌩쌩 달리던 어느 날 밤, 주인공은 꿈에서 외계인 친구를 다시 만나 외계인 친구의 집인 달을 향해 신나게 페달을 밟는다.

"허허, 이 글을 자네가 어릴 때 썼다고? 대단하구먼."

영감님이 종이뭉치를 내게 돌려주며 말했다.

"선생님이 누구에게나 창조성이 있다고 말씀하셨잖아요. 오랜만에 고향집 다락에 올라갔다가 이 글을 발견하고 깜짝 놀랐어요. 저에게도 이런 재능이 있었다니……"

"어릴 때의 자네는 이미 깨어 있음에 대해 알고 있었구먼, 그래."

"제가 깨어 있음에 대해 알고 있었다고요?"

"외계인 친구의 진짜 선물은 제삼의 바퀴가 아니라, 주인공이 스스로 내려놓기를 할 수 있게 한 것일세. 제삼의 바퀴가 있건 없건 그것을 사실로 만드는 것은 주인공의 몫이니까 말이네. 상황은 바뀐 게 전혀 없네. 자전거는 자전거 그대로일 뿐이지. 그렇지만 주인공이 '절대 넘어지지 않는 제삼의 바퀴가 있다'고 생각하는 순간, 두려움이 사라지면서 자전거를 잘 탈 수 있게 되었지. 어린 자네는 아마 그 말을 하고 싶었던 게 아닐까? 허허."

영감님의 말을 들으니, 꼬마였던 내가 마치 지금의 나에게 쓴 편지 같아 묘한 기분이 들었다. 어른이 된 나는 정말로 달에 가려고 하고 있으니 말이다.

"그렇다면 글에 등장하는 외계인은 바로 선생님이겠네요? 저에게 내려놓음에 대해서 알려주셨잖아요."

"허허, 그렇게 되나?"

"여태까지 저에게는 창조성이라곤 한 톨도 없다고 생각했어요. 어린 시절을 완전히 잊고 있었던 거죠. 제가 얼마나 글 쓰는 걸 좋아하고 사랑했는지도요."

"나도 아주 재미있게 읽었네. 이걸 발견한 김에 어릴 때의 추억으로 남겨두지 말고 현재로 끄집어내 보게. 블로그에 올려 연재를 한다든지……."

"에이, 선생님, 제가 무슨…… 전 그만한 능력 없어요."

"그만한 능력은 어떤 능력을 말하는 겐가? 단숨에 사람들의 이목을 사로잡을 능력? 발표하자마자 누군가의 눈에 띄어 유명 작가가 될 능력?"

"아뇨, 아뇨. 그런 일은 바라지도 않아요. 제 말은 어디에 올릴 만한 실력이 안 된다는 뜻이죠. 어렸을 때는 아이디어도 넘치고 잘 썼을지 몰라도 지금은 아녜요. 벌써 글쓰기를 안 한 지 10년도 넘었는걸요."

"자네 가슴속에서 먼지가 뽀얗게 쌓인 타자기가 보이는구먼. 이제 한번 먼지를 털고 꺼내보게나."

생각과 느낌을 내려놓고 현재로 오게. 바람을 가르며 자전거를 탈 때를 떠올려보게. 머리칼을 부드럽게 스치는 바람을 느끼고, 신선한 공기를 마시고, 발끝에 닿는 페달의 감촉, 부드럽게 눈앞에 펼쳐지는 풍경들을 바라보게. 나를 둘러싼 모든 것을 보고, 듣고, 느끼게나.

사내 배구 대회라고?

어느새 사내 배구 대회가 한 달 앞으로 다가왔다. 매년 열리는 사내 배구 대회는 우리 회사의 오랜 전통이다. 팀장님이 물었다.

"이번에 배구 대회 참가할 거야?"

"에이, 팀장님, 전 안 돼요. 학교 다닐 때 달리기도 반에서 제일 느렸어요."

"우승팀 포상이 가족 해외 여행이라던데?"

"네!? 가족 해외 여행이요?"

갑자기 해외 여행 간 친구를 부러워하던 엄마의 목소리가 어딘가에서 들려오는 듯했다.

"솔깃하지?"

"팀장님, 저 진짜 운동 신경 꽝인데 괜히 참가했다가 팀에 민폐만 끼칠 거 같아서······"

언제 들었는지 부장님이 큰소리로 얘기했다.

"신입이 어디 해보지도 않고 민폐될 생각부터 하고 있어? 그 생각 자체가 민폐야! 온몸이 부서져라 연습을 해보라 이거야! 세상에 안 되는 일이 있겠어? 넌 필참이다!"

그 소리에 팀장님이 터져 나오려는 웃음을 꾹 참고 모니터로 시선을 돌렸다.

포상으로 해외 여행이 걸려 있는 만큼 다른 팀원들도 밤늦게까지 회사 인근의 코트를 따로 빌려 연습할 정도로 열심이었다. 처음에는 다들 일하느라 바쁜데 언제 배구까지 하느냐며 투덜거리더니, 이제는 업무보다 배구를 더 열심히 할 정도로 푹 빠져 있는 듯했다. 밤늦게까지 강행군이 이어진 날엔 다음날 사무실에서 꾸벅꾸벅 졸기도 했다. 평소 같으면 업무 시간에 존다고 혼쭐이 났겠지만, 부장님도 요즘은 슬그머니 눈감아 주는 눈치였다. 가끔 부장님이 응원차 코트에 들를 때면 관중석에서 어찌나 소리를 지르는지 귀가 먹먹할 정도였다.

오늘은 옆 부서와 연습 경기가 있었다. 맞은편 코트를 노려보며 자세를 잡고 있는데 관중석이 갑자기 소란스러워져 고개를 돌렸다. 아니나 다를까 부장님이었다. 내 옆에 선 팀장님이 목소리를 낮춰 나에게 말했다.

"오늘도 오셨네~ 우리의 입배님!"

"입배님이요?"

"아, 부장님 별명이 입배거든. 입으로 배구한다고. 아우~ 말도 마! 나 신입 때 배구 졌다가 진짜 1년간 찍 소리도 못했다."

"부장님이 배구를 그렇게 좋아하세요?"

"다른 팀에 실적 지는 건 용서해도 배구 지는 건 용서 못한 다가 입배, 아니 부장님 신조야. 배구에 그렇게 목숨을 거시더라고……"

"그러면 부장님도 같이 뛰는 게 좋지 않을까요?"

"별명이 괜히 입배겠어? 아무튼 신입아, 우리 이번에 무조건 이겨야 한다. 앞으로 회사 생활 편하게 하고 싶으면."

잠깐 팀장님의 말에 귀를 기울인 사이, 어느새 공이 내 발 밑에 와서 떨어졌다. 아차차.

"야! 신입! 너 제대로 안 하나!!"

관중석에서 쩌렁쩌렁 울려 퍼지는 부장님의 불호령이 경기장을 가득 메웠다.

코트에서 하루 종일 구르고 온 토요일 밤, 집에 돌아오자마자 소파 위에 털썩 드러누웠다. 공을 몇 개 받아내지도 못했는데 팔뚝에 시퍼런 멍이 한 가득이었다. 분명 코트에 들어가기 전에는 공이 잘 보이는데, 막상 코트에 들어가면 날아오는 공도 못 쫓아가는 수준이라 답답했다. 오늘은 공만 처다보며 들입다 쫓다가 마주 달려오는 팀장을 들이받는 바람에, 하마터면 대형 사고로 이어질 뻔했다. 휴우~

TV를 켰더니 지구 반대편에서는 축구가 한창이었다. "아니,

왜 그걸 못 봐!"라며 선수들을 향해 분통을 터트렸던 수많은 날들이 갑자기 반성이 되었다. 이 세상의 모든 축구 선수들에게 경의를 표합니다. 경기를 보고 있으니 유독 한 선수의 움직임이 눈에 띄었다. 수비수 서너 명이 한꺼번에 달려드는데도 그는 요리조리 잘 피하면서 그야말로 신기에 가까운 기술로 골을 성공시켰다.

그 순간 영감님이 알려주신 '축구 잘하는 법'이 생각났다. 공만 보지 말고 다른 선수들 움직임도 보고 또 경기장 구석구석도 보면서 공을 차는 게 축구 잘하는 법이라고 하셨지. 과연 내가 깨어 있음 상태에서 배구를 할 수 있을까? 푸른 잔디가 깔린 그라운드를 신들린 듯 누비는 선수의 플레이를 멍하니 보고 있다가 스르르 잠이 들었다.

안 쑤시는 데가 없었지만, 일요일 아침부터 영감님을 찾았다.

"선생니임, 선생니임, 저 큰일 났어요!"

"허허, 자네 또 깨어 있음이 안 된다고 얘기하려는 거구만."

"압니다, 압니다. 전 아직 걸음마도 못 뗀 갓난아기 수준이라는 걸요. 그렇지만 전 지금 걷는 게 아니라 뛰어야 해요, 선생님!"

"걷지도 못하는데 뛰어야 한다니?"

"한 달 뒤면 사내 배구 대회가 있거든요. 코트에만 서면 공이 하나도 안 보여요, 선생님. 어떡하죠? 지면 1년 동안 부장님한테 꼼짝없이 괴롭힘당한대요."

"사내 배구 대회라…… 그러고 보니 시간이 벌써 그렇게 됐구먼."

"시간이 벌써 그렇게 되다니요?"

"허허, 아무것도 아닐세. 내 대답이 뭔지는 자네가 더 잘 알고 있을 것 같은데."

"아직 오지 않은 미래를 두려워하지 말고 현재에 깨어 있게나~라고 말씀하시려는 거죠?"

"허허, 이럴 때 보면 참 똑똑하단 말이야."

"실은 저 꼭 이겨야 되거든요. 엄마가 해외 여행을 가고 싶어하셨는데, 우승 부상이 무려 일주일 동안 해외 여행이라고요. 선생님께서 전에 축구 잘하는 법을 알려주셨잖아요. 축구를 하면서 깨어 있어야 한다고…… 저도 단기 속성으로 그 방법을 배울 순 없을까요?"

"흠, 단기 속성이라…… 방법이 없는 건 아니네만. 기다려보게."

영감님이 서랍을 뒤져 '배구 대회 특훈'이라고 쓰인 USB 하나를 건네주셨다.

"오오! 이게 뭐예요? 배구 대회 특훈?"

"내가 만든 연습 방법이라네. 이걸로 연습하면 배구가 훨씬 잘될 걸세. 자, 여기 발판에 발을 올리게."

발판까지요? 기대를 잔뜩 안고 USB를 컴퓨터에 꽂았다. 잔뜩 부푼 기대가 몇 분도 채 지나지 않아 금세 꺼졌다. USB 안에는 고릴라 한 마리가 등장하는 동영상 파일 하나가 전부였다. 언젠가 선생님이 보여주신 고릴라 영상과 다른 점이 있다면, 고릴라가 튀어 나올 때마다 "아우우우" 하는 소리가 덩달아 흘러나온다는 거였다. 소리가 나올 때마다 발판을 밟아야 점수가 올라갔는데, 자세히 들어보니 고릴라가 소리를 내고 있는 사이사이에 또 다른 소리가 나기도 했고, 어떤 때는 고릴라가 등장해도 소리가 들리지 않기도 했다.

영감님이 말했다.

"어느 한 군데만 집중하면 다른 것을 놓치게 되네. 영상 속의 고릴라를 보면서 여러 가지 소리도 놓치지 않도록 주의를 기울이게나."

고릴라를 보면서 여기저기서 들려오는 소리에 주의를 기울였다. 고릴라 소리뿐 아니라 노트북이 위이잉 하고 돌아가는 소리, 영감님이 작게 헛기침을 하는 소리, 창밖을 지나가는 자동차 소리가 한꺼번에, 그렇지만 하나하나 또렷하게 들렸다. 영감님이 그런 나를 미소를 띠고 바라보고 있었다.

"선생님, 계속 연습하면 배구 코트에서도 깨어 있는 상태를 유지할 수 있을까요?"

"자네, 나랑 내기 하나 함세."

"무슨 내기요?"

"나랑 배구 시합 한 판 하세. 나도 배구를 그 동영상으로 연습했으니 내가 이기면 자네가 계속 그 동영상을 보고, 자네가 이기면 더 이상 강요하지 않겠네. 어떤가?"

"에…… 선생님이 저랑 배구를 하신다고요? 저를 너무 얕잡아보는 거 아닙니까? 제가 요새 회사에 배구 연습하러 간다니까요! 좋아요!"

마인드리더십센터에서 가까운 체육관으로 갔다. 영감님을 얕잡아보는 마음이 컸는데, 막상 네트를 사이에 두고 영감님과 마주보고 서 있으려니 사뭇 긴장감이 감돌았다. 상대방 코트에 공을 내리꽂으면 승! 15점을 먼저 내는 사람이 이기는 걸로 정했다. 긴장감도 떨쳐버릴 겸 영감님을 향해 목소리를 높였다.

"선생님! 원래 코트 위의 승부는 냉정한 거예요. 안 봐드려요!"

"허허, 잘 부탁하네. 그럼 내가 먼저 시작함세."

탕~ 영감님 코트에서 공이 높이 솟아올랐다. 공을 따라가는 내 눈이 휘둥그레졌다. 그때 영감님이 외쳤다.

"뭐하나? 발이 왜 땅에 딱 붙었어? 공을 쫓아가게!"

아차차, 공을 허둥지둥 쫓아갔지만 이미 공은 기세 좋게 코트에 내리 꽂혔다. 1 대 0.

"와, 선생님! 굉장하신데요?"

"자네 이게 실전 시합이라도 상대팀에게 굉장하다며 칭찬이나 하고 있을 텐가?"

"에이, 아니죠! 처음이라 제가 봐드린 겁니다? 이제는 정말 안 봐드려요."

정말 봐주지 않는 플레이가 계속되었다. 내가 아닌 영감님이 말이다. 독심술이라도 하시는지 영감님은 내가 움직이기도 전에 내 움직임을 미리 읽는 것 같았다. 스파이크를 때리는 순간 이미 영감님은 공이 향하는 방향에 서서 공을 막고 있었고, 이번에야말로 막아보겠다며 네트에 딱 붙어서 진을 치고 있어도 영감님은 내가 전혀 생각지 못한 반대 방향으로 공을 꽂아 넣었다.

15 대 0. 공을 하도 쫓아다녀 온몸이 땀범벅이고, 다리가 후들거려서 서 있을 수도 없었다. 그런데 영감님은 가볍고 편안해 보였다. 모르는 사람이 보면 내가 이긴 줄 알았을 거다. 코트에 벌렁 드러누웠다.

"선생니이님! 배구를 이렇게 잘하시면서…… 속았어요!"

"속이긴 누가 속였다고 그러나? 자, 약속대로 하세."

벌렁 누워 있는 내 손에 영감님이 USB를 쥐어주었다.

"힘을 빼면 다 보인다네, 상대방이 어디로 어떻게 움직일지."

"독심술이라도 하시나 싶었다니까요. 정말 힘을 빼면 그게 다 보이나요?"

"움직임이 일어나는 중에 움직임을 파악하려면 이미 늦네. 상대방이 코트에서 강 스파이크를 쐈는데 그때 '스파이크'임을 알아차리는 건 누구나 할 수 있지. 핵심은 상대방이 움직이기 시작할 때, 초기의 움직임을 감지하는 거라네. 아주 미세하지만 깨어 있는 상태에선 알아차릴 수 있지. 상대방이 어디로 어떻게 움직일지 이미 알고 있는데 득점을 못하는 게 이상하지 않나?"

손에 쥔 USB를 다시 들여다보았다. '배구 대회 특훈'이라는 글씨가 닳고 닳아 희미하게 남아 있었다. 그런데 영감님은 이런 걸 왜 갖고 계신 거지? 영감님도 배구 대회에 나간 적이 있으셨나?

슬로 모션

퇴근하면 배구 코트로 쫓아가고, 배구 연습이 끝나고 집으로 돌아와서는 곧바로 영감님이 주신 특훈 게임을 했다. 컴퓨터를 켜놓은 채로 잠들었다가 다음날 알람 소리에 번쩍 깨길 반복했다. 주말마다 영감님이 시간을 내주신 덕에 틈틈이 시합을 벌였지만, 여태까지 나는 단 한 점도 내지 못했다. 오늘도 영감님의 완벽한 승리였다. 대체 영감님은 배구를 왜 이렇게 잘하시는 거야?

"선생님! 저는 왜 한 점도 못 내는 건가요?"

"답은 자네가 더 잘 알지 않나?"

"한 점이라도 내야겠다는 생각 때문이라고 말씀하시려는 거죠?"

"허허, 깨어 있게. 깨어서 보게나. 그 생각에서 힘을 빼게. 그뿐일세."

D-7. 배구 대회 예선이 일주일 앞으로 다가왔다. 마지막 일주일이라 연습 경기도 실전 못지않게 긴장이 팽팽했다. 특훈의 결과일까? 그리 큰 기대는 하지 않았는데, 조금씩 공 이외에 다른 것들이 눈에 들어오기 시작했다. 누구에게 공을 넘겨줘야 할지도 조금씩 보이고, 상대방 코트의 빈자리도 보였다. 물론 공을 쫓느라 이런 것들을 놓칠 때가 더 많았지만, 어쨌든 공 외에 다른 것들을 바라볼 여유가 생기다니! 영감님, 감사합니다!

"어떻게 이렇게 갑자기 좋아졌어? 무슨 특별 훈련이라도 하고 온 거야?"

스파이크 하나를 멋지게 성공시키자 팀장님이 깜짝 놀란 표정으로 물었다. 처음에 울며 겨자 먹기로 엉거주춤 코트에 서 있던 내 모습이 생각나서 슬며시 웃음이 나왔다. 인생은 정말 알 수가 없다. 아니, 알면 알수록 재미있다. 영감님께 말씀드리면 이 재미도 내려놓으라고 하시겠지?

"이거 마시면서 해."

입배님, 아니 부장님이 책상에 비타민 음료를 툭 올려놓고 가셨다. 부장님 자리 바로 뒤에 걸린 커다란 화이트보드에는 각 팀별 대전표가 그려져 있었는데, 우리 팀에게 패한 팀 이름엔 남들 보기 민망할 정도로 붉고 커다랗게 엑스 자가 그려져 있었다. 물론 입배님이 손수 그린 엑스 자이다.

지난 3년 동안 번번이 예선의 문턱도 넘지 못하고 참패를 겪었던 우리 팀이, 8강은 물론 4강까지 무난하게 통과하면서 올해의 가장 강력한 우승 후보로 거론되고 있었다. 복도에서 마주치는 다른 팀원들도 "경기 잘 봤어요!" 하면서 내게 인사를 건네곤 했다. 입사 첫해에 배구 패배의 쓴맛을 진하게 본 팀장님은, 그 후로 절치부심하여 직장인 배구 동아리에까지 들 정도로 열심인 자타공인 '배구인'인데다 작년 대회에서 MVP로도 뽑힌 적 있는 실력파이다. 팀장님이 배구 동아리에 들게 된 가장 강력한 이유가 부장님의 압박 때문이라는 소문이 있었는데, 배구에 대한 부장님의 열정을 보면 소문이 사실인 게 확실했다.

처음에 코트에 설 때는 긴장으로 온몸이 딱딱하게 굳어 있었다. 눈앞에 날아오는 공을 맞고 쓰러지지나 않으면 다행이라고 생각했다. 그랬는데 가뿐하게 8강을 넘어 4강까지 가게 되니 나도 점점 우승에 욕심이 생겼다. 퇴근 후엔 집으로 돌아와 밤마다 발판을 어찌나 밟아댔는지, 한 달 사이에 발판을 두 개나 새로 갈 정도로 특훈에 열을 올렸다. 어쩌면 우승을 기대해 볼 수도 있지 않을까? 경기 날이 슬쩍 기대되기까지 했다.

"선생님, 선생님! 보내주신 특훈법, 장난 아녜요! 저희 팀 이번에 결승까지 갔어요!"

"허허, 자네가 그렇게 열심히 하는 걸 보니 나도 옛날 생각이 나는구먼."

"그런데 선생님도 혹시 배구 대회 나간 적 있으세요? 왜 이런 특훈 프로그램을 개발하셨나 해서요."

"옛날에 그럴 일이 있었지, 허허."

"사실 처음엔 이 프로그램이 효과가 있을 거라고 믿지 않았거든요. 너무 시시하기도 하고…… 그런데 정말로 선생님이 말씀하신 것처럼 가끔 상대방 움직임이 미리 보일 때가 있어요. 마치 슬로 모션처럼요."

"아주 잘하고 있구먼. 깨어 있기가 잘될수록 시야가 점점 더 넓어진다고 하지 않았나? 경기장이 훤히 보이면 운동하는 게 재밌어진다네. 배구뿐이겠나? 어떤 운동이든 할 맛이 나지."

"아, 이제 사흘 뒤면 결승이라 너무 떨려요. 저 이번에 우승해서 해외 여행 가면 선생님이 갖고 싶으신 거 사올게요! 말씀만 하세요."

"허허, 기대함세. 선물을 무사히 받으려면 자네를 좀 더 연습시켜야겠구먼. 어떤가? 오늘도 나랑 시합 한번 해볼 텐가?"

"좋습니다!"

자신만만하게 코트 위에 섰지만 결과는 15 대 0. 물론 영감님의 압승이었다.

전설

드디어 결승전 당일, 코트에 서자 심장이 쿵쿵 뛰었다. 이러다 진짜 심장이 튀어나오는 게 아닐까 싶을 정도로 박동이 거세서 뛰는 심장 쪽을 손바닥으로 지그시 눌렀다. 결승전이니만큼 관중석이 가득 찼다. 떨리는 내 마음을 눈치 챘는지 팀장님이 내 쪽을 한번 보고 고개를 끄덕였다. 그 눈빛에는 "신입아, 부모님

해외 여행 보내드리자!"라는 결연한 의지가 담겨 있었다. 그래요, 팀장님! 우리 꼭 해외 여행 가요.

입술을 꾹 깨물고 자세를 잡고 있는데, 관중석에서 크게 내 이름을 부르는 소리가 들렸다. 고개를 돌리니 선배가 반갑게 손을 흔들고 있었다. 선배 옆에 반가운 얼굴이 하나 더 있었다. 어? 영감님도 오셨네? 영감님과 선배를 향해 손을 흔들었더니, 영감님이 고개를 가볍게 끄덕였다.

상대팀은 2년 연속 우승에 빛나는 강팀이었다. 상대팀은 올해 우승까지 거머쥐면 3년 연속 우승이라며 벌써부터 축제 분위기였다. 3년 연속 우승한 팀은 창사 이래 딱 한 번 있었다고 들었다. 그 팀을 우승으로 이끈 주인공은 '전설'로 불리는 선수였는데, 그 선수의 플레이를 보면 입이 딱 벌어질 수밖에 없다고 했다. 별명이 전설이라니, 무슨 만화 영화도 아니고…… 떠도는 소문에 의하면 세계 정상급 선수들과 견주어도 결코 뒤지지 않을 수준이라고 하는데 말도 안 되는 소리였다. 그렇게 배구를 잘하면 왜 회사를 다녀? 원래 이야기라는 건 시간이 갈수록 부풀려지고 이런저런 색이 더해지는 법이니까.

"삐익~"

경기 시작 휘슬이 울렸다.

코트에 선 팀장님의 별명은 까스활명수. 팀장님의 장기인 속이 뻥 뚫리는 시원시원한 속공 덕분에 붙은 별명이었다. 경기 시작 휘슬이 울리자마자 상대팀을 강하게 몰아붙이는 팀장님의 플레이 덕분에 한껏 자신감이 오른 우리 팀은 첫 세트에서 쉽게 득점했다. 그렇지만 상대도 만만찮았다. 2년 연속 우승이 그냥 이뤄진 게 아니었다. 수비의 빈틈을 파고들자는 전략인지 상대팀이 공을 자꾸만 내게로 보냈다.

확실히 영감님의 특훈이 효과가 있었다. 짧은 순간에도 코트 전체를 보게 되니, 공을 받아 어디로 보내야 할지도 감이 왔다. 물론 생각만큼 몸이 안 따라준다는 게 문제였지만. 약이 바짝 오른 상대방 주장이 어디 한번 이것도 막아보라는 듯이 공을 내게로 보냈다. 몸을 던져 어찌저찌 겨우 막아내긴 했지만, 방금 날아온 공은 속도가 어마어마했다. 팀장님이 나를 보며 가볍게 엄지를 치켜들었다. 코트가 점점 달아올랐다. 관중석의 환호성도 점점 더 커졌다.

어느덧 마지막 세트였다. 앞의 4세트는 사이좋게 무승부. 이제 이 세트를 기점으로 승부를 판가름할 때였다. 관중석도 물을 끼얹은 듯 침묵으로 가득했다. 팽팽한 긴장감이 가득한 코트 위로 선수들의 거친 숨소리가 들렸다. 탕! 맑은 울림과 함께, 상대방 코트에서 공이 높이 솟아올랐다.

"악!"

깊게 들어오는 공을 받으려고 몸을 날린 팀장님이 오른쪽 무릎을 감싸 쥐고 쓰러졌다. 하필 이때! 수비야 어찌어찌 몸을 날려 막는다 해도, 우리 팀 핵심 공격을 담당하고 있는 팀장님이 없으면 큰일이었다. 다들 많이 지쳐 있는데다 긴장감이 가득한 마지막 세트라, 한 명의 부상이 가져오는 심리적 무게가 평소의 백 배는 될 수 있었다.

심판이 잠깐 경기 중지를 알리는 휘슬을 불었다. 입배님이 낙담한 표정으로 달려와 팀장님의 무릎 상태를 살폈다. 상대편을 흘긋 보니 이미 승리를 확신한 얼굴로 서로 웃으며 어깨를 가볍게 두드리고 있었다. 팀장님이 내 눈을 보며 입을 뻐끔거렸다.
"막……내……야……미……안……하……다……"

팀장의 부상보다 더 절망적인 사실은 그를 대체할 교체 선수가 입배님밖에 없다는 사실이었다. 사내 배구 대회라 외부인은 출전이 엄격히 금지되지만, 괜히 애꿎은 마음에 선배 쪽을 한번 흘긋 보았다. 선배도 안타까운 눈으로 우리 팀을 바라보고 있었다. 영감님은 잠깐 자리를 비우신 모양이었다. 영감님, 선물은 제가 다음에 사다드릴게요……

볼록 튀어나온 배가 셔츠의 단추를 열어젖힌 것도 모르고 입배님이 선수용 조끼를 받아들었다. 부장님이 선수용 조끼를 담담히 받아든 것처럼 우리 팀도 아쉬운 패배를 받아들여야겠지.

발끝을 바라보니 땀인지 눈물인지 모를 무언가가 바닥으로 뚝뚝 떨어졌다. 우승이 눈앞인데 하필…… 입술을 꽉 깨물었다.

그때였다. 입배님이 "안녕하십니까! 회장님!" 하고 큰소리로 인사를 했다. 회장님? 고개를 돌리니 내 등 뒤엔 영감님이 웃으며 서 있었다. 영감님? 어버버 할 새도 없이 입배님이 내게 말했다.

"모두 인사드려라. 전 회장님이시다!"

웃고 떠들던 상대팀원들도 '전 회장님'이라는 소리에 웅성거리며 이쪽으로 달려왔다.

우리 회사를 서른 살에 창립해서 현재 우리나라 상위 30위 기업에 올려놓은 그 회장님이…… 영감님이라고? 회장님에 대한 소문은 무성했지만 정작 회장님 본인은 스스로를 드러내길 꺼려해서, 회사를 궤도 위에 올려놓은 뒤 회장직을 내려놓고 완전히 자취를 감췄다고 알고 있었다. 그가 회장으로 있던 당시 어떤 사진도, 인터뷰도 거부했기 때문에 그에 대한 소문만 무성한 상태였다. 입사를 준비할 당시 회사 홈페이지에 올라와 있던 사훈이 눈앞의 영감님과 함께 갑자기 떠올랐다. 혹시 면접에서 물어볼까봐 달달달 외웠던 사훈. "몸과 마음이 깨어 있는 사람이 되자." 아…… 영감님, 아니 회장님!

부장님은 영감님 곁에 서서 "막내야, 이분이 어떤 분이냐면……" 입사 이래 가장 빠른 속도로 영감님에 대한 설명을 늘어놓기 시작했다. 부장님이 대학을 갓 졸업하고 입사했을 당시 영감님이 회사에 계셨기 때문에, 배구 대회에서 영감님의 활약상을 그대로 지켜봤다고 했다. 영감님의 별명이 바로 그 '전설.' 그때나 지금이나 부장님의 운동 신경은 짱이었지만, 그런 부장님이 보기에도 영감님의 배구 실력은 실로 굉장했단다. 코트를 자유자재로 움직이는 회장님의 플레이를 보고 그때부터 부장님도 배구에 홀딱 빠진 거라고.

입사한 지 10년, 부장직에 오른 그해 열린 배구 대회에서 부장님은 영감님과 같은 팀이었다고 했다. 그 뒤 내리 3년을 같은 팀이었는데, 영감님은 팀에 3년 연속 우승 타이틀을 안기고는 경영에서 완전히 손을 떼고 자취를 감췄다고 했다. 어떤 공지도, 은퇴식도 없이 홀연히 자취를 감춰버려서 그동안 소문만 무성했단다. 몸과 마음의 깨어남을 강조해 왔던 평소 신념대로 돌연 모든 걸 내려놓고 산에 들어갔을 거라느니 해외로 나갔을 거라느니……

영감님이 배구를 그렇게 잘하는 이유가 그제서야 납득이 되었다. 소문의 '전설'을 상대로 내가 그동안 배구 연습을 한 거야?

영감님이 부장님을 보며 빙긋이 웃었다.

"허허, 오랜만일세. 예나 지금이나 자네 입담은 여전하구만!

이번엔 자네가 직접 뛰려고?"

"아쉽게도 뛸 수 있는 사람이 저밖에 없습니다…… 우승이 코앞이었는데."

부장님이 손에 받아든 조끼를 꼭 쥐고 울상을 지었다. 통증으로 얼굴을 잔뜩 찡그리고 있는 팀장님도 표정에 아쉬움이 묻어났다. 무릎의 통증보다는 우승을 코앞에 두고 포기해야 한다는 실망감이 더 클 것이다. 영감님이 나를 가리키며 웃었다.

"저 친구 한번 믿어보게."

"막내 말씀이세요?"

"저 친구가 바로 우승 키를 쥐고 있는 친구네."

"네???"

부장님과 팀장님과 내가 동시에 소리를 질렀다. 부장님이 내 어깨를 툭툭 치면서 말했다.

"막내야! 너만 믿는다."

마치 벌써 우승이라도 한 것처럼 싱글벙글한 표정이었다. 다 이겨놓은 경기를 본인 실수 때문에 죽 쒔다고 1년 내내 팀원들에게 원망을 들을 게 뻔했는데, 회장님이 나를 지목하는 바람에 자신이 들어야 할 원망과 비난을 피할 수 있다는 사실이 우승보다 더 기쁜 모양이었다.

영감님의 갑작스런 등장에다, 영감님이 회장님이라는 사실에 당황스러웠다. 혼란한 머릿속을 정리할 겨를도 없이 심판이 경기 재개를 알리는 휘슬을 불었다.

팀장님도 없고, 이 코트를 어떻게 감당해야 할지 자신이 없었다. 입배님은 코트 한쪽 구석에 서 있었다. 한 점만 더 내면 이길 수 있다는 초조함과 지면 어떡하나 하는 불안감이 엄습했다. 갑자기 온몸이 천근만근 무겁게 느껴졌다. 다시 코트로 돌아가려는 나에게 영감님이 조용히 말씀하셨다.

"깨어 있게!"

영감님의 한마디 덕분일까, 눈앞의 공을 보고, 코트 안과 밖에서 웅성거리는 사람들의 소리를 듣고, 발바닥에 닿는 운동화 쿠션의 감촉과 쿵쿵 뛰는 심장의 박동 등 모든 감각을 고스란히 느끼려 했다. 그러자 한껏 경직되어 있던 몸과 마음이 편안해지는 것 같았다.

상대팀의 선수가 블로킹을 하려고 점프를 하며 양손을 힘껏 들어 올리는 것이 보였다. 마치 누가 '2배속 느리게' 버튼을 누른 것처럼 모든 사람들이 아주 천천히 움직였다. 순간, 눈앞에서 뭔가가 반짝 빛났다. 아, 저기다! 코트의 빈 곳으로 깊은 스파이크를 힘껏 찔러 넣었다. 삐익~ 경기 종료 휘슬이 울리고, 사람들이 나를 향해 뛰어왔다.

가족

 벌써 늦은 밤이다. 새벽부터 일어나 준비를 해서인지, 오늘이 여행 첫날인데도 마치 아주 오래전에 떠나온 것처럼 까마득하게 느껴졌다. 하늘을 올려다보니 달이 밝게 빛나고 있었다. 이렇게 고요한 밤은 참 오랜만이었다. 귓가를 스치는 바람이 부드러웠다.

 "혼자 앉아서 뭐하노?"

 바뀐 시차 때문인지, 아버지가 잠들지 못하고 방에서 나와 내 곁에 앉았다. 여행 왔다며 길가의 보도블록까지 사진으로 찍어 친구들에게 전송하던 어머니는 곯아떨어진 지 오래였다.

 "여기 앉아 있으니까 할머니 집 생각이 나서요. 그때 되게 좋았거든요. 툇마루에 앉아 있으면 바다도 보이고, 기차 지나가는 것도 보이고, 대나무 숲도 있고……"

 "그래, 옛날 생각 나네……"

 아버지가 눈을 가늘게 뜨며 먼 곳을 바라보았다. 바다에서 나고 자란 아버지는 내가 어렸을 때 종종 유년 시절의 기억을 들려주곤 했다. 당신이 바다를 워낙 좋아해서 걸음마보다 수영을 먼저 배웠다는 이야기나, 남의 밭 옥수수를 서리해 모래사장에서 불 피워 놓고 구워먹었다는 이야기는 언제 들어도 재미있었다. 지금은 대나무 숲도 몽땅 사라져서 내 기억 속에만 희미하게 남아 있었다.

우리는 한동안 말없이 앉아 있었다. 무슨 말을 해야 할지 몰라 우물쭈물하고 있는데 아버지가 고요를 깨고 말했다.

"잘하라는 말을 니가 그렇게 부담스러워하는 줄 몰랐다. 내가 늘 부모님께 듣고 싶었던 말이거든."

"잘하라는 말이 듣고 싶으셨다고요?"

놀란 눈으로 아버지를 바라보았다.

"부모님이 내한테 관심이 없었거든. 부모님 두 분 다 새벽부터 밤늦게까지 일만 했지. 관심을 갖고 싶어도 가질 수가 없었을 끼라. 다른 친구놈들은 시험 못 치면 부모님한테 혼난다고 난린데, 나는 학교 공부를 잘하든 못하든 아무도 상관을 안 하니까 섭섭하더라. 그땐 매 한 번 맞아보는 게 소원이었다. 우습제?"

평소 말수가 적고 무뚝뚝한 아버지였다. 그런 아버지가 내게 줄곧 했던 말은 "잘하고 있지? 잘해야 한다"라는 말뿐이어서 그 말에 넌덜머리가 났다. 그런데 아버지는 당신이 제일 듣고 싶었던 말을 내게 하신 거였구나. 나에 대한 아버지만의 사랑과 관심의 표현이었구나. 왜 아버지는 진즉 말해주지 않았을까 하는 아쉬움이 밀려왔지만, 그와 동시에 단 한 번도 아버지 말에 귀 기울이려 하지 않았던 내 모습이 머릿속을 스쳤다.

아버지와 나는 한참을 그렇게 앉아 있었다. 아버지가 하늘을 올려다보며 중얼거렸다.

"달이 참 훤하네. 꼭 내 어릴 때 마루에 앉아서 보던 달 같다."

맑은 눈으로 달을 바라보는 아버지에게서 아이의 모습이 겹쳐 보였다. 당신도 사랑받고 싶은 사람일 뿐이었군요. 그때 아버지가 중요한 사실이 생각났다는 듯 나를 바라보며 말했다.

"니 운동 잘하는 건 내 닮아서 그런 거데이!"

"네?"

"엄마 닮았으면 니는 예선에서 벌써 탈락이다."

아버지가 크게 웃음을 터트렸다. 얼마 만에 들어보는 아버지 웃음소리인지. 나도 그런 아버지를 보다가 따라서 막 웃었다. 한밤중에 달 아래서 마주보고 웃는 두 사람이라니, 이 나라 사람들이 보면 꽤나 이상하게 보일 것 같았다.

영감님, 아니 회장님

"선생님, 말씀하신 선물 대령입니다!"

"어서 오게나. 가족 여행은 잘 다녀왔는가? 허허."

"다 선생님 덕분입니다. 부모님이 어찌나 좋아하시던지 우승

못했으면 큰일 날 뻔했어요. 저…… 선생님, 아니 회장님. 왜 그동안 회장님이라고 말씀 안 해주셨어요? 제가 그동안 회사 욕을 좀 많이 했던 거 같은데."

"회사 욕뿐인가? 허허."

겸연쩍어 괜히 머리를 긁었다.

"기억하나? 내가 깨어 있음으로 가기 위해 평생을 걸었다던 말?"

"그럼요. 그만큼 어렵고 힘든 과정이라고 하셨잖아요. 기억합니다."

자네가 몸담고 있는 회사가 바로 내가 평생을 걸고 이룬 것이라네. 이루는 데 40년이나 걸렸으니 나에게는 달이나 마찬가지인 셈이지."

"40년이나요?"

영감님이 지난 세월을 회상하듯 눈을 가늘게 떴다.

"내가 지금의 자네 나이쯤일 때 아주 오랜 소화불량으로 고생을 하고 있었지. 이유는 잘 모르겠어. 큰 병원에서 종합 검사를 받아도 결과는 항상 '이상 없음'이었으니까. 여러 병원을 오랫동안 다니면서 여러 약을 처방받았지만 별로 진전이 없더군. 위장에 관련된 약이라면 모두 먹었고, 하도 먹다 보니 모든 약의 이름을 내가 알 정도가 되었지. 나중엔 의사가 내게 원하는 약을 말해보라고 할 정도였다네. 그렇지만 어떤 약을 먹어도 내 증상은 나아질 기미가 없었어. 그래서 결심했네. 이 세상의 약으로 고쳐지지 않는다면 내가 그 약을 만들어보기로. 자네 친구가 다닌다는 공공제약이 바로 나의 첫 회사였다네."

"공공제약 직원이셨다고요?"

"공공제약에 다니면서 약을 연구하기 위해 밤낮으로 노력했네. 나를 위한 것도 있었지만, 분명 세상에는 나와 같은 증상으로 고통받는 사람들이 있을 테니 하루빨리 약을 개발하고 싶었네. 그렇지만 약을 만들기 위해 노력할수록 이상한 사실과 부딪쳤지."

"이상한 사실이요?"

"아무리 약을 먹어도 낫지 않는 병이 별다른 약을 쓰지 않았는데도 낫는 경우를 봤다네."

"플라시보 효과인가 뭔가 하는 거 말씀인가요?"

"그렇지. 제약 회사에 몸담고 있으니 플라시보 효과에도 자연히 관심이 가더군. 환자의 마음 상태에 따라 병이 낫기도 한다면, 환자의 마음 때문에 병이 생기기도 하는 것 아닐까 싶더군. 어쩌면 지금의 내 증상도 마음에서 온 병이지 않을까 생각도 들었고. 몸과 마음의 관계에 대해 알고 싶다는 바람이 간절해졌지. 지금이야 마음 때문에 병이 생긴다는 이론이 받아들여지는 추세이지만, 그때만 해도 그렇진 않았거든."

"그래서요?"

영감님의 이야기가 흥미진진했다.

"몇 년간 매진하던 약 개발을 그만두고, 내 몸과 마음을 객관적으로 들여다보고 싶었네. 그때부터 동서양의 각종 문헌을 뒤지고 현자들을 찾아다니며 공부했네. 아주 아주 긴 여정이었지. 그때 홀로 공부하던 공간의 이름을 '파이'라고 지었는데, 그게 바로 출발이었네."

"그런데 선생님, 제약 회사를 다니다가 어떻게 자전거 회사를 차리신 거예요? 연관성이 전혀 없어 보이는데……"

"내가 자전거에 대해서 했던 이야기를 기억하는가?"

"깨어 있음 얘기를 하셨죠. 바람을 가르며 자전거를 탈 때의 그 기분을 기억하라고요."

"그래, 공부를 하다가 힘들면 자전거를 곧잘 타곤 했네. 안장 위에 오르면 잔뜩 굳었던 어깨와 마음이 절로 누그러들곤 해서 자전거 타는 것을 좋아했지."

"깨어 있음이 곧 몸과 마음에 힘을 빼는 거라고 말씀하셨던 것과 같은 맥락이군요."

"그렇지. 어느 날이었네. 밤늦게까지 공부를 하다가 동네나 한 바퀴 돌까 하고 자전거에 몸을 실었지. 달이 훤해서 나무 그림자가 길게 늘어진 밤이었네. 그날 자전거를 타는데 평소와는 전혀 다른 느낌이 들더구먼. 하늘에 걸린 달과 땅에 드리운 나무 그림자, 저 멀리서 들리는 고양이 울음소리, 코끝을 스치는 밤공기의 냄새, 발끝에 닿는 페달의 딱딱한 감촉…… 이 모든 것이 마치 완벽한 오케스트라처럼 연주되고 있었네. 평소와 같은 밤이었지만 평소와 완벽하게 다른 밤이었지. 그날 밤의 경험이 나를 사로잡았다네."

"그럼 그날, 깨어 있음을 터득하신 건가요?"

"안타깝게도 완벽의 그 순간 속에 머물렀던 느낌은 다음날이 되자 눈 녹듯 흔적 없이 사라졌다네. 그렇지만 그날 이후로 뭔가가 달라졌음을 알 수 있었지."

"뭐가요?"

"그렇게 나를 괴롭히던 소화불량이 사라졌네. 어떤 약을 먹어도 낫지 않아서 스스로 불치병이라고까지 여겼던 소화불량이 말일세."

"단지 자전거를 탔을 뿐인데 소화불량이 없어졌다고요?"

"나도 며칠을 의심했지만, 그날 밤 이후로 확실히 달라졌어. 분명히 알 수 있었지. 내가 가야 할 길을."

"아! 그럼 많은 사람들이 자전거를 타며 선생님과 같은 경험을 했으면 하는 마음에 자전거 회사를 만드신 거군요!"

"허허허! 그렇지. 그냥 자전거가 아닌, 몸과 마음이 깨어나는 데 도움을 주는 자전거를 만들고 싶었달까? 깨어 있음을 위해 꼭 자전거를 탈 필요는 없지만, 자네에게도 일러준 적이 있듯이 깨어 있음으로 가는 여정과 자전거 타기는 꼭 닮았다네. 그날 밤을 바로 창립일로 정했네. 비록 나 혼자만의 1인 기업이지만 말일세. 그땐 지금처럼 이렇게 큰 회사가 될 거라고는 생각조차 못했네."

"처음엔 두려움 때문에 자꾸 넘어지지만, 한번 터득하기만 하면 언제 그랬냐는 듯 자유롭게 탈 수 있죠. 자전거를 잘 타기 위해선 자꾸 넘어지고, 또 일어나야 한다는 점도 깨어 있음과 닮았네요."

"그래서 내가 보조 바퀴를 달아주지 않았는가, 허허."

영감님이 양 검지를 들어 올리며 가볍게 웃었다. 그 웃음이 참 맑아 보였다.

"그럼 마우스도, 배구 대회도 선생님의 작품인가요?"

"물론이네. 처음에 사원들에게 깨어 있음을 이야기했을 때 반응이 어땠겠나? 힘을 빼라는 말에 다들 자네처럼 시큰둥한 반응이었지. 어떻게 하면 사람들에게 효과적으로 알려줄 수 있을까 고민하다 마우스도 개발하게 되고 배구 대회도 개최하게 된 것이네. 깨어 있음에 대해 본인이 바로 체감할 수 있으니 말일세. 그 당시엔 나도 운동 실력이 형편없었다네. 여러 가지 방법을 개발하고 고안하면서 깨어 있음을 연습하다 보니 자연스럽게 배구 실력도 좋아졌지. 한 사람이라도 깨어 있음의 세계로 초대하고 싶었는데, 이렇게 자네가 훌륭하게 성장한 모습을 보니 참 고맙고 대견하구만."

"에이, 이제 한 걸음 디딘 걸요 뭘. 다 선생님, 아니 회장님 덕분입니다."

"나는 깨어 있음의 세계가 있다는 것을 알려주고 싶었을 뿐이네. 지금껏 살아온 것과는 다른, 전혀 다른 세계가 있다는 사실 말일세. 자네 덕분에 이제 더 많은 사람들이 깨어 있음의 세계가 있다는 걸 알게 되었으니 나 역시 고맙네."

영감님이 나를 보며 빙긋 웃었다.

자전거를 타고 달리는 이 기분

핸드폰에서 연달아 울리는 알림음에 잠이 깼다. 창밖을 보니 어슴푸레한 빛이 짙게 깔려 있었다. 아직 일어나야 할 시간이 아닌데 무슨 알람이 이렇게 요란할까? 좀 더 꿈을 꾸고 싶은데……

핸드폰을 확인하니, 내 블로그 게시글에 달리는 댓글 알림이었다. 인터넷을 확인해 보니 포털 사이트 검색어 순위에 〈달로 가는 자전거〉가 깜빡였다. 이게 어떻게 된 일이야? 찾아보니 내가 무척 좋아하는 인기 작가가 지난 밤 TV쇼에 나와서 요즘 즐겨 보는 블로그라며 내 블로그를 언급했나 보다. 게시물 아래에 달린 댓글들에는 사람들의 궁금증이 가득했다.

—깨어 있음? 그게 뭐죠? 깨어 있는데 또 어떻게 깨어 있죠?
—생각과 느낌의 경계를 어떻게 찾나요?
—내려놓는다는 게 무슨 뜻인지 궁금합니다.
—그래서 주인공은 앞으로 어떻게 되여? 궁금궁금

마치 영감님을 처음 만났을 때의 내가 단 댓글 같았다. 그때의 내 모습이 떠올랐다. 취직이 안 돼서 좌절하고, 친구를 시샘하면서 관계에 당당하지 못했고, 연애도 실패했고, 가족들과도 소원했고, 하루 종일 집에 누워서 천장만 바라보곤 했었지. 그때와 비교하면 내 삶의 많은 것이 달라졌다. 취직을 했고, 시샘하던 친구와 둘도 없는 관계가 되었고, 남들과 비교하며 열등감에 사로잡히곤 하던 날들이 사라졌다. 어쩌면 영감님을 만난 그날부터, 아주 오랜 시간 동안 내 마음속에 자리 잡은 단단하고 거

대한 빙하가 조금씩 녹아내리기 시작했는지도 모른다.

댓글을 하나하나 읽어보며 답을 달기 시작했다. 내가 가졌던 물음에 이젠 스스로 답을 달 수 있다니 말로 설명할 수 없는 묘한 기분이 들었다. 댓글을 하나씩 읽어 내려가는데 낯익은 아이디 하나가 눈에 띄었다. 응? 이거 혹시······ "응원합니다"라고 적힌 짧은 댓글의 주인공은 바로 아버지. 아버지가 어렵게 내 블로그를 찾아 댓글을 달았을 수고를 생각하니 마음이 따뜻해졌다.

댓글을 달다 보니 앞으로 이야기를 어떻게 써나가야 하나 고민이 들기 시작했다. 처음에 블로그 연재를 시작할 땐 누가 보든 안 보든 크게 상관없다고 느꼈는데, 하룻밤 사이에 갑자기 인기 블로거가 되니 좋으면서도 몹시 부담스러웠다. 사람들이 어떤 이야기를 좋아할지, 어떤 방식으로 써나가야 할지 도무지 감이 오질 않았다. 아버지까지 보고 있다고 생각하니 잘해야 한다는 압박감도 올라왔다. 답답한 내 마음을 어떻게 알았는지 마침 선배에게서 전화가 왔다.

"우리 작가님~ 검색어에도 뜨니까 이제 인기 작가님이라고 불러야겠네?"

"인기 작가는 무슨 인기 작가예요? 큰일 났어요."

"왜? 무슨 일인데? 갑작스런 인기가 감당이 안 돼?"

"장난치지 말구요~ 선배는 앞으로 주인공이 어떻게 했으면 좋겠어요? 원래는 주인공이 외계인 친구랑 자전거를 타고 달에 가는 내용인데, 뭔가 좀 부족한 거 같아서요. 자극적인 반전이 필요한 것 같기도 하고요."

"반전이 있으면 흥미롭긴 하지. 어떻게 하려고?"

"그걸 잘 모르겠어요. 원래 이 이야기는 잔잔하게 흘러가거든요. 사람들에게 천천히 읽으면서 오래 생각할 거리를 주고 싶었던 건데…… 사람들이 그런 걸 좋아할지 자신이 없어요."

"잠깐! 왜 사람들이 좋아하는 대로 쓰려고 하는 거야?"

"독자가 한두 명일 땐 크게 신경 안 썼지만…… 지금은 그래도 독자들을 좀 생각하면서 써야 하지 않겠어요?"

"사람들이 좋아하는 방향이 하나도 아니고, 독자 수만큼 취향도 다양할 텐데 그걸 어떻게 다 맞춘다는 거야?"

"그러니까 어렵죠."

"사람들이 네 글을 좋아하는 이유는 너만의 스타일이 있어서가 아닐까? 모든 사람의 취향을 맞출 수도 없고, 그럴 필요도 없어."

"사람들이 안 좋아하면 어떡해요?"

"사람들이 안 좋아하면 어때? 네가 처음 글을 쓸 때 어떤 마음으로 시작했는지 생각해 봐."

사실 노트북 앞에 앉아 키보드 위에 손을 얹었다 내리기를 반복하면서 시작도 못한 채 몇 날 며칠을 보냈더랬다. 몇 줄 쓰다가 제 풀에 지쳐 끝나면 어떡하지, 열심히 썼는데 재미없다는 평가를 받으면 어떡하지, 아무도 안 읽으면 어떡하지…… 하고 끝나지 않을 걱정만 늘어놓으면서 말이다. 그러다 그 모든 생각이 내 머릿속에서 일어나는 허상이라는 걸 알아차리고, 사람들이 나에 대해서 뭐라고 평가하든 신경 쓰지 않기로 했다. 할 수 있는 것보다 더 잘하려는 욕심도 부리지 않기로 했다. 그래서 용기를 내 글을 쓸 수 있었는데, 어느새 나는 다시 사람들의 평가에 연연해하고 있었다. 그래, 다른 누구도 아닌 그냥 내가 되자. 난 나만의 색이 있고, 사람들이 이 색을 좋아하거나 아니거나는 그들의 몫이니까. 순간 마음이 가벼워졌다.

"선배, 고마워요. 어떻게 써야 할지 알 것 같아요. 내 자신을 잊고 있었어요."

"그래. 넌 그냥 네 방식대로 쓰면 돼. 네가 쓰고 싶은 대로."

"네, 그럴게요! 나만이 쓸 수 있는 글!"

"그래, 파이팅이다! 네가 얼마나 매력 있는지 모르지? 나는 그냥 그런 네 모습이 무지 좋거든."

"끊…… 끊을게요."

왠지 모르지만, 전화를 끊은 내 얼굴이 빨개졌다.

돌멩이 속에 숨겨진 축복

내가 쓴 글에는 다양한 댓글이 달렸다.

듣기 좋은 말만 있기를 기대한 건 아니지만, 읽고 나서도 미처 다 삼키지 못하고 혀끝에 남은 약처럼 씁쓸한 내용도 있었다. 내가 발로 써도 이것보단 낫겠다, 얼마 주면 TV에서 그렇게 광고를 해주느냐 등등의 댓글을 읽으면 부끄러움과 후회, 분노와 같은 감정들이 뒤범벅되어 올라왔다. 그때마다 검지를 들고 깨어 있으려 노력했다. 그러나 그 감정들은 어느새 다시 내 발목을 붙잡고는 쉽게 놓아주질 않았다.

"선생님, 글을 쓰기엔 역시 제가 좀 설부르고 어설펐던 걸까요?"

"완벽해질 때까지 기다리다 완벽한 죽음을 맞는 사람이 수두룩하지. 미래에 더 나아질 거라는 보장이 어디 있나? 자네가 서 있는 바로 오늘도 과거의 미래였다네."

"얼굴도 모르는 사람들이 저에게 던지는 말에 자꾸 상처를 받게 돼서요. 그저 어릴 때의 추억으로 간직하는 게 좋았나 하는 생각도 들고……"

"'상처받았다'는 표현을 사람들이 자주 쓰지. 자네가 방금 했던 말처럼 말일세. 그렇지만 우리는 애당초 상처를 받을 수 없는 존재라네."

"상처받을 수 없는 존재라뇨? 그동안 저한테 상처 준 사람들이 얼마나 많은데요."

여전히 내 안에 남아 있는 기억들을 떠올리려니 나도 모르게 얼굴이 찌푸려졌다. 영감님이 내 마음을 읽은 듯 조용히 말을 이었다.

"그 상처들은 자네가 스스로 만든 것이라네."

"네? 말도 안 돼요!"

영감님의 단호한 한마디가 원망스러웠다.

"상처를 제가 스스로 만들다뇨? 방금 그 말씀은 너무하셨어요! '무심코 던진 돌에 개구리 맞아 죽는다'는 속담도 있다고요. 내가 아무 의미 없이 가볍게 던진 말이라도 상대방에겐 죽을 만큼 아프게 느껴질 수 있어요, 선생님."

"좋네. 속담대로 개구리가 돌에 맞아 죽었다고 치세. 개구리가 죽은 이유는 뭔가?"

"당연히 날아온 돌멩이죠!"

"돌이 날아오더라도 개구리가 피했으면 되지 않겠나? 왜 굳이 돌이 날아온 곳에 가서 앉아 있었는가?"

"네?"

한 번도 생각해 보지 않은 논리라 영감님의 말씀이 퍽 당황스러웠다.

"애당초 개구리의 목숨을 노리고 던진 돌이라면 돌을 던진 사람을 비난할 수 있겠지. 그렇지만 그 돌은 '무심코 던진 돌'일세. 개구리를 죽이려고 던진 돌이 아니란 말일세. 그런데 개구리는 하필 그 돌을 맞고 죽었지."

"그럼 맞은 개구리 잘못이란 말씀이세요? 어쨌든 다친 건 개구리잖아요."

왠지 화가 났다.

"자네는 다친 개구리 편이로구먼. 이런 말을 하면 자네가 더 크게 화를 낼지도 모르지만, 개구리는 돌을 맞을 만하니까 맞은 거라네."

갑자기 눈물이 핑 돌았다. 그럼 그 사람들이 나에게 욕을 한 것도 내가 욕을 들을 만해서 들은 거란 말인가?

"선생님, 저보고 못난 개구리라고 하셔도 좋아요. 그런데 오늘은 정말 못 참겠습니다. 선생님은 제 안에 어떤 상처가 있는지 모르시잖아요. 상처가 아물기까지 제가 어떤 시간을 견뎠는지 모르시잖아요. 전 선생님처럼 강철 심장이 아니라서, 지나가는 말 한마디에도 상처받고 나동그라진다고요. 마음이 약한 게 죄인가요? 무심코 던진 돌멩이에 맞고도 아무렇지 않게 툭툭 털고 제 갈 길 가는 사람도 있겠죠. 그런데 저처럼 맞아죽는 사람도 있어요. 돌을 맞을 만하니까 맞은 거라니요?"

나도 모르게 목소리가 울먹거렸다. 영감님이 내 말을 묵묵히 듣고 있었다.

"세상에 무심코 던진 돌만 있으면 다행이지. 자네를 겨냥해서 던지는 돌도 수두룩하네. 자네 글에 달린 댓글들처럼 말일세. 자네가 상처받기를 원하는 사람들의 의도대로 그들이 돌을 던질 때마다 맞고 울 텐가?"

"그럼 저더러 어쩌라고요? 맞을 만해서 맞는다고 하셨잖아요."

"맞을 만해서 맞았으니, 안 맞을 만하면 되지 않겠나?"

"안 맞을 만하면 된다니 그건 또 무슨……"

"자네, '상처'라는 말의 뜻을 아나?"

"그럼요. 다친 곳이잖아요."

"누군가 돌을 던졌네. 왜 상처가 생기는가?"

"돌을 맞아서요."

"누군가 돌을 던지는데, 안 다치려면 어떻게 해야겠나?"

"돌을 피하면 되죠. 아니면 돌을 맞아도 끄떡없을 만큼 맷집을 키우거나."

"자네가 맞은 돌 하나를 가져와 보게. 어떤 말에 상처를 받았나?"

"댓글 중에 '내가 발로 써도 이거보단 낫겠다'는 말이 있었어요. 짜증나더라고요."

"왜일까?"

"그야 당연히 저에 대해서 존중을 안 해주고 깎아내리니까요. 제가 얼마나 열심히 썼는데요."

"칭찬받고 싶었구먼."

"칭찬까진 아니라도……"

"왜 그 말이 자네를 맞췄을까? 왜 자네는 그 돌을 기다렸다는 듯이 딱! 하고 맞았을까?"

"제가 그 돌을 기다렸다고요?"

"내가 아까도 말했지 않나? 자네는 맞을 만하니 맞았다고."

"그게 무슨 말씀이세요! 자꾸 그렇게 말씀하시면 정말 속상해요."

"'남들은 나를 인정해 줘야 한다' '남들에게 인정받고 싶다' 마음속의 이런 생각 때문에 자네는 돌에 맞은 것이네. 이 생각이 없었다면 그 돌은 자네를 비껴갔겠지. 돌을 던진 사람은 아무 문제가 없네."

"돌을 던진 사람이 아무 문제가 없다고요?"

"자네와 아버지의 관계도 한번 생각해 보게. 아버지가 잘하라고 하든 말든, 자네가 아버지에게 '인정받고 싶다'는 욕망이 없다면 아버지의 말은 그냥 흘려버리고 말았을 걸세. 아버지의 말이 자네를 맞추지 못했겠지. 자네 동생은 아버지와 사이가 좋다고 하지 않았나? 아버지는 분명히 동생에게도 같은 말을 했을 텐데 말일세."

"그럼, 제가 인정받고 싶단 생각을 내려놓으면 그런 말들에도 상처를 받지 않을 거란 말씀이세요?"

"당연하네. 자네는 지나가는 바람에 상처를 받는가? 그건 그저 자네를 스쳐가는 바람일 뿐이네. 그렇지만 바람을 온몸으로 막아서며 아파하는 사람이 있지. 바람의 잘못인가? 그저 흘려보내면 될 뿐이네."

"그렇지만 칭찬받고 싶다, 누군가로부터 인정받고 싶다는 생각을 내려놓기가 정말 힘이 듭니다. 사실 자신이 없어요. 제가 과연 그렇게 내려놓을 수 있을까요?"

"사람이 다 그렇지 않은가? 나도 욕을 먹으면 기분이 상하고, 칭찬을 들으면 기분이 좋네. 칭찬은 고래도 춤추게 한다는데 어느 누가 칭찬을 마다하겠나?"

"그럼 어떡하죠? 칭찬받고 싶고 인정받고 싶은 마음 때문에 이렇게 아픈 거라 하셨는데 그 마음 내려놓을 자신도 없고······"

"아플 때는 그저 기억하게. 아, 내가 칭찬받고 싶어 하는구나,

인정받고 싶어 하는구나. 그래 뭐 어때? 누구나 칭찬받고 싶어 하는데. 이렇게 스스로 알아주는 것만으로도 자네는 그리 크게 상처받지 않을 걸세. 금방 툭툭 털어버리게 되지."

"아! 이게 바로 돌을 맞아도 끄떡없을 만큼 맷집을 키우는 방법이 될 수 있겠군요."

"그렇지. 그 돌을 끌어들이는 생각과 느낌이 없으면 돌을 아예 안 맞게 되지. 안 맞을 만하게 된다는 말일세. 그러나 만약 돌을 맞았다면 바로 툭툭 털어버리게. 아, 나에게 이런 생각이 있었구나, 이런 마음이 있었구나. 그냥 인정해 버리면 가볍지 않나?"

"저는 지금까지 돌을 던진 사람이 무조건 나쁘다고 생각하며 살았어요. 돌은 던진 사람을 두고두고 원망하면서 아파했어요."

영감님이 나를 보고 빙긋이 웃었다.

"돌멩이에 관해서 자네에게 또 해줄 말이 있네. 들으면 아마 깜짝 놀랄 걸세."

"뭔가요? 선생님?"

"누군가 던진 돌멩이를 맞는다는 건 사실 굉장한 축복이라네."

"네? 돌멩이를 맞는 게 축복이라고요? 지금까지 돌멩이를 안 맞는 법에 대해서 알려주시고선."

"그렇지. 그렇지만 돌멩이에 맞아봐야 아픈 줄 알지 않겠나?

아파야 비로소 상처를 들여다보게 되니까 말일세. 아버지의 말이 아니었다면, 자네 글에 달린 댓글이 아니었다면, 자네 마음속에 단단히 숨어 있는 '인정 욕구'를 눈치 챘겠나?"

"…… 그렇지만 너무 아픈 걸요!"

"길가에 놓인 돌멩이를 걸림돌로 삼을지 디딤돌로 삼을지는 자네가 결정하면 되네. 돌멩이는 그저 돌멩이일 뿐이니. 돌멩이에 맞은 게 아픈 줄 알면서도 계속 맞고 있는 건 바보짓이겠지."

돌멩이는 아무 잘못이 없다. 돌멩이를 갖고 와서 삶에 생채기를 낸 건 결국 나였구나.

"선생님, 상처받지 않고 열심히 쓰면 언젠가 베스트셀러 작가가 될 수 있을까요?"

"베스트셀러 작가가 왜 되고 싶은가?"

"작가로서의 능력을 인정받고 돈도 많이 벌고 유명해지겠죠. 그럼 무지 기쁠 것 같은데요?"

"베스트셀러 작가가 안 되면 좀 어떤가?"

아! 나는 눈앞의 상황에 따라 기뻐하고 슬퍼하는구나. 상황이란 날씨처럼 예측할 수도 없고 늘 변하는 것인데, 지금까지 상황이 내 뜻대로 되기를 바라서 늘 침울했었다. 날씨야 맑을 수도 있고 갑자기 흐려질 수도 있다. 그래, 그게 뭐 어떻단 말인가? 맑은 날은 맑은 날이고 흐린 날은 그저 흐린 날일 뿐인데.

"선생님! 저 이제 알았어요!"

"이제 알았나? 상황은 그저 일어난 것이네. 깨어 있음의 세계에서는 망하는 일이란 없네."

"성공하는 일도 없고요."

영감님이 나를 보고 빙그레 미소 지으며 고개를 끄덕였다.

"기뻐할 일도, 슬퍼할 일도 없다네. 그저 할 수 있는 일을 하면 되네."

영감님이 부드럽게 웃으며 말을 이었다.

"오늘 달이 참 환하지 않은가?"

"정말 그렇네요."

"회사를 처음 만들던 그날 밤으로 돌아간 기분이야. 오늘따라 기분이 날아갈 듯 상쾌하구먼."

우리는 나란히 서서 창밖을 내다보았다. 저 멀리 자전거 한 대가 부드럽게 밤하늘을 가르는 모습이 보였다.

샨티의 뿌리회원이 되어
'몸과 마음과 영혼의 평화를 위한 책'을 만들고 나누는 데
함께해 주신 분들께 깊이 감사드립니다.

개인

이슬, 이원태, 최은숙, 노을이, 김인식, 은비, 여랑, 윤석희, 하성주, 김명중, 산나무, 일부, 박은미, 정진용, 최미희, 최종규, 박태웅, 송숙희, 황안나, 최경실, 유재원, 홍윤경, 서화범, 이주영, 오수익, 문경보, 여희숙, 조성환, 김영란, 풀꽃, 백수영, 황지숙, 박재신, 염진섭, 이현주, 이재길, 이춘복, 장완, 한명숙, 이세훈, 이종기, 현재연, 문소영, 유귀자, 윤홍용, 김종휘, 보리, 문수경, 전장호, 이진, 최애영, 김진회, 백예인, 이강선, 박진규, 이욱현, 최훈동, 이상운, 김진선, 심재한, 안필현, 육성철, 신용우, 곽지희, 전수영, 기숙희, 김명철, 장미경, 정정희, 변승식, 주중식, 이삼기, 홍성관, 이동현, 김혜영, 김진이, 추경희, 해다운, 서곤, 강서진, 이조완, 조영희, 이다겸, 이미경, 김우, 조금자, 김승한, 주승동, 김옥남, 다사, 이영희, 이기주, 오선희, 김아름, 명혜진, 장애리, 신우정, 제갈윤혜, 최정순, 문선희

단체/기업

주/김정문알로에 환경재단 design Vita PN풍년

생활인한국가족상담협회·한국가족상담센터 생각과느낌 소아청소년 성인 몸 마음 클리닉

경일신경과 l 내과의원 순수피부과 월간 풍경소리 FUERZA

이메일로 이름과 전화번호, 주소를 보내주시면 샨티의 신간과 각종 행사 안내를 이메일로 받아보실 수 있습니다.

전화 : 02-3143-6360 팩스 : 02-6455-6367
이메일 : shantibooks@naver.com